DIRECTEURS DE COLLECTION ET AUTEURS
Dominique AUZIAS
et Jean-Paul LABOURDETTE

AUTEURS
Corine LACRAMPE,
Jean-Paul LABOURDETTE,
Dominique AUZIAS et alter

DIRECTEUR ÉDITORIAL
Stéphan SZEREMETA

RÉDACTION
Briséis TEMPLE-BOYER,
Mélanie PEILLET, Audrey VEDOVOTTO,
Marie VIGNERON, Nicolas WODARCZAK,
Laure CHATAIGNON, Morgane VESLIN,
Pierre-Yves SOUCHET, Natalia COLLIER,
Julie BEZ, Stella CABARET,
Juliette FRADIN.

MAQUETTE ET MONTAGE
Delphine PAGANO, Julie BORDES,
Romain AUDREN

ICONOGRAPHIE CARTOGRAPHIE
Anne DIOT, Julien DOUCET

DIRECTRICE DES VENTES
Bénédicte MOULET assistée
d'Aissatou DIOP

RESPONSABLE DES VENTES
Jean-Pierre GHEZ assisté
de Nelly BRION

RELATIONS PRESSE-PARTENARIATS
Jean-Mary MARCHAL

DIRECTRICE ADMINISTRATIVE ET FINANCIÈRE
Valérie DECOTTIGNIES

DIRECTRICE DES RESSOURCES HUMAINES
Dina BOURDEAU assistée
de Sandra DOS REIS et Eva BAELEN

COMPTABILITÉ
Guillaume PETIT, Aminata BAGAYOKO,
Jeannine DEMIRDJIAN et Adama DIABY

RECOUVREMENT
Fabien BONNAN assisté
de Sandra BRIJLALL

RESPONSABLE INFORMATIQUE
Elie NZUZI-LEBA

PROVENCE
DURABLE & RESPONSABLE

LES NOUVELLES ÉDITIONS DE L'UNIVERSITÉ
18, rue des Volontaires - 75015 Paris.
✆ 01 53 69 70 00 - Fax 01 42 73 15 24
Internet : www.petitfute.com
SAS au capital de 1 000 000 €
RC PARIS B 309 769 966
Couverture : *Simiane-la-Rotonde* © ECSTK22 - STOCK.ADOBE.COM / *Défilé d'arlésiennes* / © HELENEDEVUN - STOCK.ADOBE.COM / *Tournesol* © SIMON - STOCK.ADOBE.COM
Impression : IMPRIMERIE CHIRAT
42540 Saint-Just-la-Pendue
Achevé d'imprimer : Avril 2023
Dépôt légal : Avril 2023
ISBN : 9782305093116

Pour nous contacter par email, indiquez le nom de famille en minuscule suivi de @petitfute.com
Pour le courrier des lecteurs : info@petitfute.com

RECYCLÉ
Papier fait à partir de matériaux recyclés
FSC® C074713

LA PROVENCE C'EST UNE DOUCEUR, UNE CHALEUR, UN ÉCLAT…

Entre mer et montagne, bordée par le Rhône, ce territoire offre un royaume de biodiversité, de saveurs et de convivialité. La Provence se distingue d'emblée par un environnement magnifique et bénéfique. Les bienfaits du soleil, d'un accent qui chante et d'une cuisine locale saine composent une bienveillante partition. Ici, la côte aligne sa nature marine et ses perles : Camargue, calanques, baies, caps, rades et golfes somptueux. Et à deux pas, se dressent les célèbres massifs provençaux des Alpilles, du Luberon, du Verdon… Quant à la Sainte-Victoire et à la Sainte-Baume, elles rivalisent de symboles et de célébrité. Le relief s'en donne à cœur joie avec ses gorges sauvages et ses dentelles rocheuses. La garrigue exalte les senteurs de thym et de romarin, les marais distillent leur flore humide, les dunes dessinent leurs douces courbes.

Si la Provence évoque les cigales et la lavande, elle recèle bien d'autres caractères réjouissants. Entrons dans les secrets des manades et les coulisses des caves viticoles, découvrons les ocres de Roussillon et la vraie recette de la ratatouille ou de l'aïoli. Car la Provence s'affiche gourmande avec l'alignement des vignes et des oliviers qui marquent le paysage. Les producteurs et les éleveurs poursuivent des traditions ancestrales avec une irrigation savante et économe en eau, des brebis qui profitent des pâturages de la Crau avant de transhumer et les taureaux élevés en liberté dans les marais de Camargue.

Vous l'avez compris, la Provence c'est une joyeuse farandole ! En suivant les routes que nous vous proposons de parcourir, vous allez à la rencontre d'agriculteurs, de cuisiniers, des guides du patrimoine, de naturalistes et d'historiens locaux qui vivent au quotidien leur amour pour la Provence. Voici donc le terrain idéal d'un tourisme doux.

SOMMAIRE

ÉCO-VOYAGEUR

© JPGARUFI

VIRGINIE PIN

Vice-présidente de la Région Sud Provence-Côte-d'Azur en charge de l'art de vivre, des traditions et du patrimoine

• **Qu'est-ce qui fait de la Région Sud, et particulièrement de la Provence à laquelle nous dédions ce guide, une destination adéquate pour un tourisme lent ?**

Tout d'abord, la possibilité de découvrir une région qui reste vivante toute l'année avec des paysages variés, de la mer à la montagne, et variables aux quatre saisons. Il est donc possible d'y venir en dehors des périodes de haute fréquentation touristique et d'y découvrir des territoires peu courus. On peut évoquer les rendez-vous culturels réguliers et les traditions fortes qui perdurent dans leur authenticité indépendamment d'un tourisme important. Même en été, en marge des grands festivals, s'expriment des traditions ancestrales comme les joutes nautiques, les férias, les fêtes des pêcheurs ou de la transhumance. En outre, avec ses villages et son petit patrimoine rural préservés, notre territoire offre aux randonneurs et aux cyclistes des occasions de croiser des chapelles, des fontaines, des murets de pierres sèches, des cabanes de vigne, des cultures en terrasses qui sont autant de témoignages de croyances locales et de pratiques agricoles spécifiques. Chaque département, chaque micro-région et même chaque village méritent que l'on s'y attarde, comme autant de pierres apportées à un tourisme lent. Les boutiques de producteurs locaux, les marchés, les bistrots, épiceries et boulangeries de pays ouverts toute l'année rendent possible l'accueil de visiteurs hors des périodes les plus fréquentées et loin des sites les plus touristiques. Un touriste qui prend le temps pourra découvrir en profondeur une micro-région dans ses particularités. Chacune affiche son identité.

• **Comment définir l'art de vivre à la provençale. Quelles sont ses caractéristiques principales et identitaires ?**

C'est d'abord la place donnée au bien-manger en mettant en avant les produits du terroir et les saisons selon des recettes qui perdurent dans les familles, chez les restaurateurs, dans la rue autour de la bouillabaisse, de la soupe au pistou, de la cade du Var, cousine de la socca de Nice, à la farine de pois chiche. Identitaire, la gastronomie diffère d'une micro-région à l'autre autour de l'agneau de Sisteron, des oursins, des poissons de la Méditerranée, avec des recettes et des savoir-faire transmis d'une génération à l'autre. L'art de vivre à la provençale c'est partager un plat convivial, participer aux fêtes locales, aller au spectacle. Cette dernière pratique est alimentée par une importante programmation de festivals et de spectacles tout au long de l'année. En marge de grands rendez-vous autour du théâtre, de la musique lyrique ou de la danse, ce qui caractérise notre région c'est la grande variété des manifestations. Pour ne prendre qu'un exemple, la villa Noailles à Hyères accueille deux temps forts originaux avec, en juin, la Design parade, conjointement avec l'Hôtel des arts de Toulon, et en octobre, le Festival de la mode. S'ajoute une kyrielle de fêtes de village spécifiques, des plus célèbres comme celle du pèlerinage des Saintes-Maries-de-la-Mer aux plus confidentielles. Les fêtes de fin d'année gardent chez nous toute leur vitalité et leur authenticité. Le folklore, au sens noble du terme, reste une composante importante de la culture. Des manifestations comme le festival international de danse folklorique de Château-Gombert à Marseille illustrent bien cette particularité. Cette manière de vivre où l'on prend le temps du partage séduit les adeptes d'un tourisme lent.

• Comment la Région s'implique-t-elle dans la sauvegarde et la valorisation du patrimoine en Provence. Et dans le maintien des traditions ?

La Région soutient les grands festivals, mais aussi de petites manifestations villageoises aidant ainsi à ce que perdurent nos traditions et un art de vivre spécifique au Sud. C'est l'une des missions de la Région d'investir dans le patrimoine culturel. Et si elle soutient les grandes structures qui maintiennent des traditions vivantes, elle est aussi au côté des petites mairies et les associations villageoises qui organisent une fête du pain cuit dans le four communal, qui enseignent la pratique du rigodon ou du tambourin, etc. Le budget culturel de la Région s'élève à 62 M d'euros par an. Une aide sanctuarisée, c'est-à-dire permanente, qui a été maintenue durant la crise sanitaire, par exemple. Concernant la sauvegarde du patrimoine bâti, la Région a mis en place un dispositif de soutien au petit patrimoine rural non classé avec une enveloppe de 500 à 800 000 euros par an au sein d'un budget patrimoine qui s'élève à 5 M d'euros. Cette enveloppe s'articule autour d'un inventaire très fin réalisé auprès des petites communes et des associations locales. Ainsi la Région soutient-elle un plan de restauration et de valorisation au sein de territoires qui ne sont pas forcément touristiques. Nos aides concernent, par exemple, une croix de chemin, un lavoir, une fontaine, un four à pain, une calade. Il est important de restaurer ce petit patrimoine pour garder et valoriser les traces du passé et l'identité de l'espace rural.

© JPGARUFI

FRANÇOIS DE CANSON

Vice-président de la Région Sud en charge du tourisme, des risques majeurs, de l'attractivité et du développement économique

• La Région Sud est la première de France quant à la richesse de sa biodiversité. Qu'elle est sa politique quant à la sauvegarde de cette biodiversité ?

Le président de la Région, Renaud Muselier tient à garder « un coup d'avance » c'est pourquoi en 2021 nous avons signé un nouveau Plan Climat avec 140 mesures autour de l'air, la terre, la mer et l'énergie, dont par exemple le plan escale zéro fumée, la plateforme Zou et le projet de parc éolien en mer et qu'en 2023, 100 % du budget de la région sera « vert ». Ce qui signifie que chaque décision prendra en compte la problématique du climat ! Les élus seront invités à voter, à la fin de l'année 2023, la nouvelle Stratégie régionale de la biodiversité en cours d'élaboration. À la demande de la Première ministre, le futur document servira de référence au plan national. En 2022, la Région a adopté un nouveau cadre d'intervention sur la biodiversité terrestre avec une dizaine de dispositifs. Ces dispositifs devraient, par exemple, nous permettre, dans les mois qui viennent, d'améliorer les connaissances sur la biodiversité, de mieux protéger les espaces préservés, soutenir des projets européens sur la biodiversité et sensibiliser les citoyens de 15 à 30 ans. La Région Sud se positionne elle de longue date pour la protection de la biodiversité, particulièrement en ce qui concerne la biodiversité aquatique et pour la restauration des zones humides. Il s'agit d'harmoniser une politique globale autour d'axes parfois contradictoires. Un challenge !

• Vous êtes président du Comité régional de tourisme Provence Alpes Côte d'Azur, peut-on concilier la forte attractivité et l'importante du tourisme dans votre Région avec la protection de l'environnement tout en permettant au plus grand nombre sa découverte dans de bonnes conditions ?

Avec plus de 30 millions de visiteurs chaque année et 20 milliards d'euros de retombées économiques, le tourisme est un secteur clé pour l'économie régionale. La Région Sud s'attache au développement d'un tourisme durable et résilient. Le développement économique doit se faire dans le respect de l'environnement exceptionnel qui fait notre richesse et notre attractivité. C'est une préoccupation majeure et un défi que la Région Sud s'attache à relever à travers des actions concrètes. La priorité est de régulariser les pics de fréquentation. Nous ne menons jamais de campagne pour développer le tourisme en été. Il s'agit aussi d'intervenir sur les zones les plus touristiques. L'été dernier, des mesures ont été prises pour limiter la fréquentation dans les calanques de Marseille à 400 visiteurs par jour. Imaginez, nous étions arrivés à 2 200 visiteurs par jour ! Intolérable pour cet environnement attractif, mais également fragile. De même pour l'île de Porquerolles, et les bateliers qui ont joué le jeu, nous avons réduit de plus de la moitié la fréquentation, passant de 13 000 visiteurs par jour à 6 000. Il est facile de comprendre que ces sites remarquables, particulièrement riches en biodiversité et en paysages somptueux soient attractifs. Mais, victimes de leur succès, ils sont fortement menacés par la surfréquentation touristique. Le bilan de la régulation de fréquentation mise en place a été positif pour tous, pour l'environnement et les riverains bien sûr, mais aussi pour les professionnels du tourisme et les visiteurs. La surfréquentation n'est pas compatible avec une découverte agréable des sites. Dans le même temps, le service tourisme de la Région Sud fait la promotion de l'écotourisme, des séjours famille à la ferme, par exemple, avec le réseau Bienvenue à la ferme et globalement d'un tourisme proche de la nature et proche des habitants.

• Comment la région soutient-elle les parcs de ce territoire, outils majeurs de protection ? Et quels outils met-elle en place pour lutter contre les incendies récurrents sur le territoire en été ?

La Région Sud consacre un budget annuel de 8,8 M d'euros aux parcs naturels régionaux. En tant que maire de La Londe-les-Maures je suis particulièrement sensible à ce sujet. En août 2021, un incendie ravageait une partie du massif des Maures. Le feu attisé par un vent violent s'est dirigé vers le golfe de Saint-Tropez. Près de 8 000 hectares sont partis en fumée. On sait que la tortue d'Herman, espèce menacée emblématique de la biodiversité locale, trouve dans les Maures son principal refuge. On estime une perte de 40 % de sa population suite à cet incendie. Un peu moins d'un an après le sinistre, la Région Sud a lancé les démarches pour faire du massif des Maures le 10e Parc Naturel Régional de son territoire. La création du Parc naturel régional des Maures nous aidera à restaurer et protéger ce territoire. Au nombre des poumons verts de la Provence, il abrite non seulement les tortues d'Hermann, inscrites sur la liste rouge des espèces menacées, mais aussi de nombreuses autres espèces rares. Le président de la Région Sud, Renaud Muselier a bien souligné que si cette zone avait été un parc, il y aurait eu plus de gardes forestiers, plus de moyens financiers et plus de pompiers pour intervenir. Faire du massif des Maures un Parc Naturel Régional donnerait la garantie d'avoir une gestion réelle et durable de la forêt. De l'obligation d'entretien des pistes forestières pour les pompiers au débroussaillement pour faciliter l'accès aux secours, la forêt n'en serait que plus propre. Et donc moins vulnérable aux feux. Alors que le massif des Maures commence à peine à panser ses plaies, que la végétation refait lentement son apparition sur les zones calcinées, sa classification en Parc Naturel Régional permettrait d'accélérer sa guérison. Avec la prolifération des méga-feux partout en Méditerranée, la Guerre du Feu est un combat primordial pour notre adaptation à la crise climatique. La Région Sud se bat pour éviter ces drames humains pour les habitants de Provence-Alpes-Côte d'Azur, et pour préserver cet environnement unique au monde. 4 millions d'€ par an sont alloués à notre dispositif « Guerre du Feu » déployé afin de prévenir le risque incendie et combattre le feu au cœur de la région. Depuis 2017, la Région Sud a renforcé sa stratégie en faveur de la gestion patrimoniale forestière. Inscrite dans le « Plan climat » de la Région, cette stratégie s'articule autour de 3 grands principes : prévenir, combattre et reconstruire.

DÉCOUVERTE

Simiane-la-Rotonde. © ECSTK22 - STOCK.ADOBE.COM.

En Provence, le Palais des Papes répond à la basilique Notre-Dame de la Garde de Marseille, coiffée de la Bonne Mère.

Citadelles, châteaux et abbayes parlent des temps anciens. Les villages perchés regardent les champs de lavande, les vignobles et les oliveraies. Une terre ensoleillée a inspiré ici des recettes et des traditions gourmandes, de la bouillabaisse aux 13 desserts de Noël. Ce territoire nous régale à plus d'un titre.

De paysages bien sûr, de la côte enchantée aux sommets aériens. La Provence fait le grand écart entre les flamants roses qui colorent les marais de Camargue et les marmottes dont les cris égayent les abords du lac du Lauzanier dans le Mercantour.

Il y a aussi tout un folklore, au sens noble du terme, qui déroule au fil de l'année ses joyeuses traditions, à force de costumes, danses et musiques, pétanque, joutes et pastorale.

Quel spectacle et quel plaisir aussi avec les fêtes votives et les marchés de plein air, les brocantes et les foires aux santons...

PAYSAGES

La richesse en biodiversité et la variété des paysages sont étroitement liées. Ainsi le territoire de Provence aux biotopes très différents compose une mosaïque de paysages remarquables et typés. C'est que la Provence court des côtes méditerranéennes jusqu'au Ventoux en passant par les Alpilles ou le Luberon, abritant des espaces naturels remarquables, alternant des vallées sauvages et des plaines marquées par le vent et le soleil, des calanques et des dunes, dévoilant un relief doux ou plus accidenté. La Provence s'alanguit à l'embouchure du Rhône, reçoit les embruns marins, grimpe jusqu'aux terres alpines du parc du Mercantour.

Et si elle longe le Rhône assagi, elle voit aussi les eaux vives du Verdon qui dévalent à travers leurs gorges pittoresques. La Durance et l'Ubaye, rivières torrentielles, apportent aussi leur contribution pour abreuver les habitants de Marseille et irriguer les cultures du sud. Ainsi les paysages de Provence composent une fantastique mosaïque de plages et de criques, de marais, de prairies sèches, de dentelles rocheuses et d'alpages, de garrigue et de coussols.

Des Saintes-Maries-de-la-Mer à Saint-Raphaël, en passant par Marseille, la rade de Toulon et le golfe de Saint-Tropez, la Côte d'Azur provençale dévoile des paysages mythiques et abrite des réserves de nature particulièrement riches en espèces rares. Les pins parasols penchés sur un cap lèchent une mer d'un bleu inimitable.

LAURENT ARCUSET

Militant en harmonie durable

Installé à Camaret-sur-Aigues, dans le Vaucluse viticole, Laurent Arcuset, géographe, a fondé Géosystème en 1996, structure d'ingénierie autour du développement durable et du tourisme social : « *J'ai aussi enseigné à l'université d'Avignon, durant 15 ans, dans le cadre de la licence professionnelle tourisme et économie solidaire, formation unique en France malheureusement interrompue.* » Pour Laurent Arcuset, chacun a droit à un équilibre entre travail, vie privée, environnement. « *Nous voulons aussi montrer aux habitants tout ce que leur territoire recèle de merveilleux. Pas besoin de partir à l'autre bout au monde. Partir à pied, à vélo, en train suffit à découvrir des espaces naturels remarquables, des écomusées passionnants, rencontrer des producteurs, des artisans, assister à des spectacles étonnants et des festivals conviviaux.* » L'autre message c'est qu'il est toujours possible de changer de vie, trouver une harmonie, s'épanouir. Amasser de l'argent ne suffit pas à être heureux on le sait, mais renouer avec des plaisirs simples peut aider. Jouir du bonheur de vivre en Provence, apprécier les paysages, le patrimoine, l'histoire, les traditions, faire son marché, adopter des attitudes écoresponsables… Laurent Arcuset imagine des initiatives innovantes avec les collectivités « *Par exemple, initier et soutenir les habitants pour cultiver la terre afin de créer une ville potager et développer une végétation urbaine utile. Inviter les artistes à immerger l'art contemporain dans l'espace public. Je crois en une stratégie de slow ingénierie qui s'enracine peu à peu. Il est important aussi de donner la parole aux enfants qui ont des inspirations formidables.* »

Des villages perchés regardent au large, des ports lovés dans leur baie clapotent, le sentier du littoral serpente de criques en plages pour profiter des plus belles vues et observer sans les perturber une faune et une flore marines exceptionnelles. Les calanques, les vignobles du soleil près de la côte, les îles à la nature préservée, des édifices historiques… la côte déroule une farandole de décors et de panoramas réjouissants. Ne pas oublier, bien entendu, les fonds marins qui dessinent leurs fantastiques paysages. Chaussures de marche ou palmes, deux-roues, bateau à voile ou électrique, petit train tranquille suffisent pour arpenter ou relier ces paysages du sud de la Provence qui plongent dans la mer.

LES CÔTES, PLAGES, CAPS, GOLFES ET BAIES

La Côte Bleue

De Martigues jusqu'à l'Estaque, au nord de Marseille, la Côte Bleue fait référence à la couleur de la mer. Elle est jalonnée d'une succession de petits ports, de plages et de criques bordées de pins. Les plus difficiles d'accès sont bien entendu les plus sauvages et les plus agréables. Les cinéphiles reconnaîtront des lieux de tournage de films de Marcel Pagnol ou Robert Guédiguian qui l'ont choisie comme décor pour leurs films. Longtemps, ce littoral n'était occupé que par les agriculteurs et les pêcheurs. La création du chemin de fer Marseille-Miramas en 1915 désenclave les villages du littoral qui deviennent peu à peu des lieux de pique-nique et de baignade pour les citadins venus de Marseille, Aix ou Vitrolles. Dans les calanques de Niolon, La Redonne ou Carro, certaines familles possèdent un cabanon depuis des générations où l'on se retrouve en compagnie pour un apéro, une pétanque, une partie de cartes. Un art de vivre qui se perd… Si vous venez vous baigner chaussez-vous, les galets et surtout les oursins ne sont pas doux pour la plante des pieds ! L'hiver, les vagues ramènent sur les plages des monticules de plantes aquatiques échouées, les herbiers de posidonie, espèce protégée qui est le refuge de nombreux poissons. L'hiver c'est le temps de déguster les oursins. Les Oursinades de Carry-le-Rouet et de Sausset-les-Pins attirent les foules. Donc si vous voulez profiter tranquillement de la Côte Bleue, évitez le plein été et les dimanches de février !

Marseille et les calanques

La troisième ville de France enserrée dans une couronne de massifs, du massif de l'Estaque au massif de Marseilleveyre, s'ouvre sur la mer et s'élève depuis le Vieux-Port jusqu'à sa basilique et la statue de la Vierge Marie qui signe le paysage. Depuis Marseille, on rejoint le site naturel remarquable des Calanques, intégré au parc naturel régional du même nom, succession d'anses et de criques s'étendant sur plus de 20 km le long de la côte méditerranéenne. Des sentiers pédestres et des circuits cyclistes permettent de parcourir le site. Mais il est interdit de sortir de ces itinéraires balisés et l'accès peut être interdit lorsque les risques d'incendie sont forts.

La rade de Toulon

Les rois de France trouvent en ce site un lieu stratégique naturel pour accueillir une flotte militaire. La rade de Toulon offre également un splendide paysage naturel, fermée d'un côté par la presqu'île de Giens, de l'autre par la presqu'île de Saint-Mandrier, divisée en deux parties inégales par une digue. Cette rade est comme une petite mer avec ses criques et ses plages de sable ou de galets, et ses calanques que dominent des massifs boisés dont la verdure est du plus bel effet. De la terre comme de la mer, de jour comme de nuit, le tableau est superbe ! Le meilleur moyen pour découvrir ce paysage naturel est de monter à bord des bateaux-bus du « Réseau Mistral » et de traverser la rade au fil de l'eau.

Pampelonne et le golfe de Saint-Tropez

La longue et très belle plage de sable fin de Pampelonne déployée sur 4,5 km dans le golfe, du cap Camarat à la plage de Tahiti, est un vrai paradis de nature.

Rendu célèbre par Brigitte Bardot, le site est désormais protégé, les guinguettes qui y avaient élu domicile ont dû se soumettre à des règles strictes quant à la protection de l'environnement. Leurs cabanons légers doivent disparaître en hiver pour limiter au maximum leur impact sur l'environnement. Objectif : marcher le long de la plage et se baigner et réciproquement. Quant à Saint-Tropez même si cet ancien village de pêcheurs est très (très) touristique, son charme opère toujours. Avec son clocher, la citadelle et le port où s'alignent des bateaux de plaisance qui rivalisent de taille et de luxe, ses tons ocre et rose, la carte postale de Saint-Tropez garde son allure.

Saint-Raphaël et Fréjus

Au pied du magnifique massif boisé de l'Estérel, Saint-Raphaël abrite la rade d'Agay, une des plus belles de la Côte d'Azur. Très bien abritée, elle est appréciée des navigateurs de longue date : Agay signifie favorable en grec. Entre le Cap Dramont et la pointe de la Baumette, c'est la porte d'entrée naturelle de l'Estérel. Elle offre trois plages de sable fin et une aire aménagée en terrasse avec accès à la mer par les rochers.

Quant à Fréjus, ville d'art et d'histoire et station balnéaire, elle bénéficie aussi de ce vert de l'Estérel et de ce bleu de la Méditerranée qui lui confèrent un beau visage. Sa base nature de 135 ha en bord de mer avec une plage de sable fin de 1,5 km est le plus grand parc public de l'Est varois. 80 ha sont constitués d'espaces naturels, le reste est destiné aux activités de sports et loisirs.

LES ÎLES

L'archipel du Frioul

Au large de Marseille, intégré au Parc national des Calanques, le Frioul, que l'on rejoint en navette maritime, est composé des îles Ratonneau et Pomègues reliées entre elles par une digue formant un port. S'ajoute, à l'est, la petite île d'If coiffée de son ancienne et célèbre prison. Ratonneau est la plus fréquentée, marquée par la présence d'un fort, d'un port, d'un ancien hôpital et de deux très belles calanques. L'île Pomègues, plus sauvage et authentique, abrite la splendide calanque de la Crine, un port, et une tour qui offre un magnifique panorama. Refuge d'une faune et d'une flore marines d'une grande richesse, ces îles sont une destination idéale pour les passionnés de nature et de balades insolites. Mais quel avenir pour l'archipel ? Alors que certains promoteurs veulent faire du site un paradis pour milliardaires, les écologistes se battent pour préserver le site.

Îles d'Hyères : Porquerolles, Port-Cros, du Levant

Surnommées les Îles d'Or, les trois îles posées au large d'Hyères sont des joyaux de nature qui révèlent une grande variété de paysages méditerranéens allant du maquis aux plaines fertiles. Luxuriants jardins dans la mer, ces îles protégées offrent une pureté d'eau exceptionnelle et des fonds marins d'une grande richesse. Depuis 1963, le Parc national de Port-Cros et Porquerolles (1 700 ha de terres émergées + 2 900 ha de surfaces marines), pionnier des parcs marins en Europe, y mène une politique de protection, de gestion et de valorisation.

Porquerolles se distingue par une côte septentrionale qui aligne falaises vertigineuses, petites criques abritées du vent et quelques-unes des plus belles plages de la Côte d'Azur.

À 15 km du continent (1 h de navigation depuis Hyères), l'île de Port-Cros, la plus petite et la plus montagneuse de l'archipel, culmine au mont Vinaigre à 194 m d'altitude. Dotée de falaises abruptes, notamment sur sa face sud, elle offre peu de plages, mais un port creux pour les navigateurs. Ici, pas d'éclairage public, ni bitume, ni vélos, ni voitures. Mais des forteresses médiévales et des massifs forestiers abritant de magnifiques arbousiers dominant une mer azur, des sites de plongée parmi les plus beaux du monde et 30 km de sentiers pédestres balisés à la découverte de la faune, de la flore et de panoramas superbes. La Réserve naturelle régionale du domaine des Arbousiers, maquis boisé et vallonné descendant vers la côte rocheuse est une splendeur.

Quant à la petite île du Levant, joyau de nature comme ses voisines, elle est surtout connue pour être un paradis naturiste.

LES MASSIFS CÔTIERS

Le massif de la Sainte-Baume

Entre Var et Bouches-du-Rhône, ce massif est le plus vaste et le plus haut des massifs provençaux. Il culmine au Joug de l'Aigle (1 148 m). Protégé et connu pour sa forêt diversifiée où s'épanouissent hêtres, chêne et pins sylvestres, cet espace naturel de 35 km de long et 15 km de large, à une vingtaine de kilomètres seulement de la mer, est un refuge pour une flore et une faune particulièrement riches bénéficiant d'une situation charnière entre la forêt méditerranéenne et la forêt alpine de moyenne montagne. Depuis la crête, on peut observer le contraste saisissant entre la végétation de l'adret et celle de l'ubac. Depuis le pic de Bertagne ou du Saint-Pilon, le panorama est particulièrement grandiose. Le massif est sillonné de nombreux sentiers de randonnée et abrite la grotte de Marie-Madeleine et un sanctuaire qui marque le paysage avec la Basilique Sainte-Marie-Madeleine de Saint-Maximin-la-Sainte-Baume à flanc de falaise. La forêt relique, survivante de la dernière période glaciaire, abrite ici des arbres presque millénaires, refuges d'une faune incomparable.

Le massif et la plaine des Maures

Le paysage des Maures est marqué par ses forêts vert sombre de chênes-lièges et de châtaigniers. Ce massif est l'une des plus sauvages et des plus anciennes terres de Provence. De Hyères à Fréjus, il s'étend sur près de 60 km, dont une grande partie de la côte varoise. Depuis Notre-Dame-des-Anges, le panorama sur les Îles d'Or et la presqu'île de Giens est exceptionnel. La beauté des paysages doit beaucoup à la diversité des habitats naturels : chênaies, pinèdes, pelouses, mares temporaires, maquis, dalles de grès, prairies… Autant de milieux favorables à un grand nombre d'espèces patrimoniales remarquables, voire menacées. La plaine des Maures apparaît ainsi comme une réserve de biodiversité d'intérêt international, riche d'une formidable variété d'espèces et d'habitats patrimoniaux. La préservation des populations de Tortue d'Hermann reste le fer de lance et un enjeu majeur de cet espace naturel.

Le massif de l'Estérel

Entre Saint-Raphaël, Fréjus, Bagnols-en-Forêt et les Adrets de l'Estérel, entre mer Méditerranée et Provence calcaire, le massif de l'Estérel se caractérise par sa roche rouge, des reliefs accidentés et une verdure qui donnent à ses paysages déchiquetés un grand charme. Randonneurs, cavaliers, Vététistes sillonnent ses 32 000 ha de nature dont près de la moitié sont classés zone Natura 2000. Les criques abruptes plongeant dans la Méditerranée composent ses paysages les plus beaux et les plus originaux. Malgré les incendies, les pins d'Alep, les charmes et les châtaigniers, les figuiers et les oliviers y croissent à profusion, tout en voisinant palmiers, mimosas, eucalyptus et autres plantes exotiques importées qui ont colonisé le site grâce à la douceur du climat.

Massif de l'Estérel.

LE RHÔNE

Issu du glacier suisse du même nom, le Rhône marque le paysage du sud-est de notre pays et, rive gauche, délimite deux départements provençaux, le Vaucluse et les Bouches-du-Rhône. Le fleuve borde ainsi la Provence, d'Avignon à Martigues. Imposant et puissant, il forme des confluences pittoresques comme à Avignon avec la Durance, et enserre des îlots sauvages, mais c'est à son delta, lorsqu'il se jette dans la Méditerranée, qu'il compose son espace naturel le plus extraordinaire et le plus riche en biodiversité en formant la Camargue. Le fleuve nous donne l'opportunité de descendre à la mer au fil de l'eau, en bateau ou en suivant les anciens chemins de halage devenus d'agréables voies vertes le long de ses berges, où cheminer ou pédaler. Embarquez depuis le fameux pont d'Avignon !

AU FIL DU RHÔNE

Large et vigoureux, le Rhône aborde la Provence au niveau de Donzère et croise Orange, un peu en retrait, avant de rejoindre Avignon, Tarascon, Arles et finalement de s'alanguir et s'étaler en se mêlant aux eaux salées de la mer. La vallée du Rhône dans sa version provençale est synonyme de soleil, de vergers et de vignobles, de garrigues et d'espaces boisés, de falaises parfois, de villages perchés qui donnent leur charme au paysage. Quelques éoliennes dans le paysage rappellent le mistral local. On peut suivre quelques voies vertes et chemins de berges et la ViaRhôna qui offrent des itinéraires pédestres et cyclistes dédiés.

AVIGNON

La Cité des Papes regarde passer le Rhône et enjambe d'un demi-pas le fleuve de son célèbre pont Saint-Bezenet, d'origine médiévale et connu sous le nom de pont d'Avignon où l'on danse en chanson depuis bien longtemps. Inscrit au Patrimoine mondial par l'UNESCO, c'est l'une des icônes du paysage provençal, de même que les remparts de la ville le long du fleuve. L'île de la Barthelasse, au milieu du Rhône, face à la ville, est un site remarquable.

LA PLAINE DE CRAU

En descendant le long du fleuve, le paysage verdoyant de la plaine bocagère irriguée laisse peu à peu place à une steppe. C'est la plaine de Crau, biotope particulier au sol de poussière et de cailloux où seuls poussent quelques arbres maigres couchés par le vent. La Crau, protégée et classée, toute désertique qu'elle semble, constitue un espace de vie approprié à de très nombreuses espèces d'oiseaux, dont le Ganga cata, magnifique volatile endémique qui trouve au sol de quoi se nourrir. Il faut dire que la plaine de Crau donne un foin fin et odorant, riche en graminées variées également appréciées des brebis.

LES VIGNOBLES DES CÔTES-DU-RHÔNE MÉRIDIONALES

Si le vignoble des Côtes-du-Rhône méridionales débute plus au nord, au niveau de Donzère, dans le département du Vaucluse l'appellation donne des crus réputés qui bénéficient du soleil et de terres viticoles appropriées et variées propices à des vins charpentés et néanmoins subtils. C'est donc ici, entre Aigues et Durance un paysage qui voit s'aligner les vignes en plaine ou en coteau, avec leurs bandes enherbées garantissant le maintien de la faune et des ceps assez bas.

LE DELTA, LES SALINS, LA CAMARGUE

Ce n'est pas un paysage, c'est un véritable cliché ! La Camargue où le Rhône prend ses aises, avec ses étangs, ses canaux bordés de roseaux, ses envols de flamants roses, les taureaux noirs en liberté, les manadiers qui galopent sur leurs chevaux blancs.

Le Rhône à Avignon.

L'ARRIÈRE-PAYS

Entre Vallée du Rhône et Durance, avec les Alpilles, les dentelles de Montmirail, la montagne Sainte-Victoire, la citadelle de Sisteron, les gorges du Verdon, entre autres merveilles, la Provence décline un arrière-pays riche en images mythiques. Ce qui habille ce paysage au nord des Bouches-du-Rhône et du Var, en Vaucluse et Alpes-de-Haute-Provence, ce sont les maquis et les massifs dont les contours dessinent de belles arabesques. Les lacs de montagne et des eaux vives apportent également leur coloration et des villages typés s'inscrivent dans le paysage. S'éloignant des embruns, le ciel reste limpide, mais les ambiances deviennent un brin alpines vers le nord-est. Toutefois, la végétation reste franchement méditerranéenne et l'on sent que la mer n'est pas loin. Ici, les Alpes accueillent les mélèzes et la lavande sauvage.

LE PAYS D'AIX ET LA SAINTE-VICTOIRE

Il y a des sommets qui inspirent les grands artistes et en cela nous deviennent familiers. Ainsi en est-il du mont Fuji d'Hokusai et plus modestement de la montagne Sainte-Victoire à l'orée d'Aix-en-Provence, à laquelle Cézanne a consacré pas moins de 80 tableaux. C'est la montagne des Aixois qui en apprécient la vue de tous côtés.

Dentelles de Montmirail.

La Sainte-Victoire est leur espace de nature préféré pour randonner à travers les odeurs d'herbes de Provence et le chant des cigales. C'est un site protégé intégrant une quinzaine de villages qui participent à la beauté du paysage.

LES ALPILLES

En pays d'Arles, entre Les Baux-de-Provence et Saint-Rémy-de-Provence, les Alpilles surgissent comme une île dans la plaine aride, sculptées par la nature et façonnées par les hommes qui ont défriché les bois, labouré la terre, édifié des villages, irrigué les terres, planté la vigne et l'olivier. Ici, les cultures occupent de petites parcelles qui cohabitent avec les boisements et la garrigue. Nous sommes à la pointe du triangle d'or de la biodiversité formé par la Camargue, La Crau et les Alpilles. Ces dernières se distinguent par des habitats naturels rares et complémentaires. Les milieux humides constitués par les canaux et les mares temporaires s'entremêlent aux espaces secs de la colline.

LE LUBERON

Ce territoire abrite une grande variété de milieux naturels et donc de paysages. Des pelouses sèches et des plaines alluviales arrosées de rivières et de rus, des plateaux, des gorges profondes et des falaises, des mares et des combes, des pinèdes, des cèdres et des chênes et, bien entendu, de la garrigue.

Le Luberon préservé abrite une grande biodiversité avec 1 800 espèces de végétaux, dont 70 protégées, 135 espèces d'oiseaux, 2 300 espèces de papillons… Ce patrimoine géologique, minéralogique, floristique, faunistique et paysager compose un ensemble écologique équilibré et spécifique.

LE VENTOUX

La physionomie du mont Ventoux est bien visible et typique dans le paysage du Vaucluse. Ses flans fertiles accueillent champs de lavande et vergers. Symbole du parc naturel régional, cette montagne regarde une diversité de paysages typiques de la Provence : haut plateau montagnard, vallées encaissées, plaine méditerranéenne avec sa diversité de cultures, mosaïques de collines. On distingue cinq unités paysagères

Les Gorges du Verdon.

sur ce territoire : l'arc comtadin, le plateau de Sault, la vallée du Toulourenc, les collines de Vaison-la-Romaine et les monts de Vaucluse

Champ de lavande.

© JAVARMAN - STOCK.ADOBE.COM

LE VERDON

Le Verdon c'est avant tout une rivière qui constitue avec la Durance, le château d'eau de la Provence et pour cela s'est taillé un passage spectaculaire à travers les roches des Préalpes. Ses gorges sont fantastiques ! Le paysage affiche le mariage de ses influences alpine et méditerranéenne et surtout se décline en unités paysagères très variées du plateau de Valensole au lac de Sainte-Croix, des collines du Haut Var au bassin de l'Artuby, du lac de Sainte-Croix aux collines du Haut Var.

LA VALLÉE DE L'UBAYE

La région de Barcelonnette est un émerveillement. C'est la vallée de l'Ubaye, mariage heureux entre les Alpes et la Provence, une montagne de grand charme à la douceur méridionale. Aux portes du Parc national du Mercantour, à la frontière avec l'Italie, elle offre une nature préservée. Neige et soleil en hiver, alpage et soleil en été signent des paysages et des ambiances contrastés. De la Haute Ubaye alpine à celle du lac de Serre-Ponçon, la vallée de l'Ubaye dévoile forêts et lacs auréolés de sommets. Les eaux vives de l'Ubaye et le lac de Serre-Ponçon apportent leur note aquatique à cette vallée sauvage.

UN BOUT DU MERCANTOUR

À l'extrême nord-est de la Provence, les Alpes-de-Haute-Provence font une petite intrusion dans le Parc naturel national du Mercantour qu'elle partage avec les Hautes-Alpes. On profite des paysages alpins grandioses de ce parc dont la richesse biologique, la beauté paysagère, l'intérêt culturel et l'histoire justifièrent son classement en parc national.

LACS, EAUX VIVES ET GORGES

Si le Rhône qui borde la région sur son flanc ouest reste relativement sage tout au long de son cours provençal, d'autres rivières torrentielles sont plus sauvages et offrent des espaces naturels marqués par l'eau vive qui déferle entre les roches. Ainsi en est-il de l'Ubaye qui creuse des gorges et finit sa course dans un bras du lac de Serre-Ponçon, lac artificiel dans un écrin de montagnes, en partie situé dans les Alpes-de-Haute-Provence. Ce lac est alimenté par la Durance venue des Hautes-Alpes qui est la rivière la plus importante de la Provence. Dans sa partie basse, celle-ci s'assagit en croisant Sisteron, puis finalement Avignon où elle rejoint le Rhône. Quant au Verdon, outre ses gorges magnifiques, il forme le lac de Sainte-Croix, point d'eau douce turquoise aux berges naturelles.

La BIODIVERSITÉ

Lavande.

La Provence se distingue par une grande variété de milieux naturels en raison de son relief, de la présence du littoral méditerranéen et d'un ensoleillement généreux. La situation charnière entre montagne et mer explique la richesse d'une biodiversité qui profite à la fois d'influences alpines et d'influences méditerranéennes. De nombreux espaces naturels bénéficient de mesures de protection. S'ajoute l'engagement des agriculteurs qui travaillent la terre de Provence. La riziculture de Camargue favorise la biodiversité en assurant l'entretien des canaux et l'irrigation en eau douce du site, sans laquelle les flamants roses et grues cendrées auraient déserté le site. En broutant, le taureau assure à la végétation vigueur et diversité, ses déjections enrichissent le sol et son passage aère les sols ; par effet mécanique, le taureau aère les fourrés les plus touffus, entraînant dans son sillage toute une faune qui enrichit l'écosystème.

LA FAUNE

LA FAUNE SAUVAGE

Faune alpine et faune marine composent la belle partition provençale des insectes, oiseaux, poissons, reptiles, mammifères… Alors que les bouquetins de l'Ubaye rivalisent d'agilité dans les pentes rocheuses, on rencontre des dauphins au large du Lavandou, dans le Var, et parfois même des baleines. Les fonds marins réservent des spectacles d'une somptueuse variété et chaque pas en alpage voit s'envoler une myriade d'insectes variés et l'on croise des familles de marmottes s'aventurant hors de leur terrier. Mais qu'une d'entre elles signale l'approche d'un aigle royal d'un sifflement d'alerte et toutes s'engouffrent dans le sol ! Des espèces communes comme le sanglier, le cerf ou le lièvre voisinent avec des espèces rares, voire endémiques, dont la tortue d'Hermann, seule tortue terrestre de France, espèce en voie d'extinction, protégée dans le massif des Maures. L'envol au coucher du soleil des flamants roses qui occupent les zones humides du littoral symbolise une faune locale spécifique. Mais l'espèce emblématique de la Provence reste tout de même la cigale !

© CHRISTIAN MUSAT - SHUTTERSTOCK.COM.

LA CIGALE

Elle symbolise la Provence, le soleil et le bonheur de vivre. Avant de chanter au grand air, la cigale passe 4 ans sous terre, à l'état de larve, se nourrissant de la sève des racines d'un arbre. Sa métamorphose a lieu au printemps. Elle quitte alors la terre et son enveloppe larvaire pour devenir un insecte ailé. On retrouve sa dépouille larvaire, finement ciselée, accrochée à une herbe ou un rameau. L'espérance de vie d'une cigale adulte n'excède pas deux mois. Ce sont les mâles qui chantent. De mi-mai à mi-août, on entend leur forte « cymbalisation » produite grâce à deux opercules à la base de l'abdomen couvrant deux membranes vibrantes, les deux cymbales sonores. Il existe une douzaine d'espèces de cigales en Provence. Lorsque la température chute en dessous de 25 °C, les cigales cessent de chanter.

Porte-bonheur, on la trouve dans les boutiques de souvenirs et les boutiques de céramiques. C'est le faïencier d'Aubagne Louis Sicard, qui réalisa la première cigale en céramique, en 1895, pour répondre à la demande des patrons des Tuileries de Marseille d'imaginer un cadeau d'entreprise symbolisant la Provence. Ce fut un presse-papier en faïence représentant une cigale posée sur un rameau d'olivier avec l'inscription *Lou Souleù mi fa canta* (le soleil me fait chanter) d'après Frédéric Mistral. Depuis la cigale se décline en de multiples versions.

LE FLAMANT ROSE

C'est un oiseau remarquable qui dort en équilibre sur une patte, prend son envol en colonie et se nourrit de crevettes Artemia salina qui lui confèrent sa couleur rose. Les adultes construisent un haut nid de boue et de vase dans lequel la femelle dépose 1 ou 2 œufs entre début avril et fin mai. Solidaires, les parents couvent un mois à tour de rôle.

L'automne et l'hiver sont les périodes les plus propices à l'observation des flamants. Parmi les six espèces de flamants, le flamant rose est visible sur les Salins d'Hyères, accessibles par le sentier du littoral et en Camargue, un site qui avait été déserté par l'espèce au siècle dernier. En 1975, le WWF France et la station biologique de la Tour du Valat, Institut de recherche pour la conservation des zones humides méditerranéennes, ont construit un îlot artificiel afin de faciliter son retour. On estime aujourd'hui que 55 000 flamants fréquentent la Méditerranée française en été et 30 000 en hiver.

© KERRICK - ISTOCKPHOTO.COM

LA TORTUE D'HERMANN

On ne la trouve que dans le Var, dans le massif des Maures où elle a trouvé refuge à Gonfaron et en Corse. La tortue d'Hermann, Testudo hermanni, est une tortue terrestre rare d'une vingtaine de centimètres à peine. Elle peut vivre une quarantaine d'années dans la nature, une centaine en captivité. Animal à sang froid, elle hiberne sous une souche. Les Maures et l'Estérel constituent ses derniers refuges sur le continent. Le noyau d'habitat le plus important se trouve dans la Réserve naturelle nationale de la plaine des Maures. L'ancien village des tortues de Gonfaron ouvert en 1988 a fait place en 2017 à un nouvel espace de protection, d'études et de sensibilisation, à Carnoules, également dans le Var.

LES RACES AUTOCHTONES D'ÉLEVAGE

L'élevage reste une activité importante en Provence et les races locales, robustes et bien adaptées au terroir donnent les meilleurs troupeaux qui font partie du paysage provençal. Ainsi en est-il d'une quinzaine d'espèces à commencer par les taureaux noirs et les chevaux blancs (gris en fait !) que l'on voit en liberté en Camargue et des brebis qui pâturent dans les alpages des Hautes-Alpes. Ces races accompagnent les paysans et les paysannes de Provence depuis des siècles, apportant leur lait, leur viande, leur force de travail. Certaines qui avaient presque disparu, dont le mulet des Alpes, ont été relancées in extremis par des passionnés. On peut citer parmi les races bien représentatives du territoire :

- l'âne de Provence,
- le cheval de Camargue,
- le taureau de Camargue,
- la brebis Mérinos d'Arles,
- la brebis des Préalpes du Sud,
- la chèvre commune provençale,
- la chèvre du Rove,
- le mulet des Alpes (Seynes-les-Alpes).

Tortue d'Hermann.

Argousier.

LA FLORE

Sauvage ou culturale, la flore provençale enchante les paysages et compose des fragrances exquises. La garrigue et les champs de lavande, les pinèdes du littoral et les mélèzes des Hautes-Alpes, les alpages fleuris et les oliviers millénaires rivalisent de personnalité et de séduction dans les paysages de Provence.

LA FLORE SAUVAGE

Les espaces naturels de Provence sont nombreux qui protègent des espèces florales exceptionnelles. Vers la mer poussent l'arbousier, plusieurs variétés de chênes, le pin d'Alep, le figuier de Barbarie, la cinéraire maritime, le cade, le myrte, le lys des sables et tant d'autres variétés typiques. Les massifs varois et les Alpes-de-Haute-Provence recèlent d'autres espèces, dont l'argousier ou la violette blanche, mais on pourrait en citer encore des dizaines ! Sur votre chemin vous croiserez des arbres, des buissons, des fleurs, des graminées sauvages d'une variété incroyable. Un guide naturaliste saura vous indiquer les variétés les plus remarquables.

LES ESPÈCES CULTURALES LOCALES

Les variétés agricoles locales, anciennes ou récentes, AOP ou IGP, profitent du climat et d'un sol fertile doté de systèmes d'irrigation ancestraux, efficaces et économes en eau.

Les marchés de Provence exposent ces fruits et légumes qui colorent les étals et nous régalent. Leurs cultures enrichissent la biodiversité et marquent le paysage. En voici une sélection.

Cerise du Ventoux

Bénéficiant d'une IGP récente (2021), la « Cerise des coteaux du Ventoux » est la première cerise française à obtenir ce label. Rouge et de gros calibre, croquante et juteuse, elle provient des variétés issues de Prunus Avium L. et Prunus Cerasus L. Traditionnellement, on la trouve dans les jardins familiaux, au milieu des champs de céréales et sur les talus. Elle est cultivée en « verger piéton » c'est-à-dire avec des arbres maintenus à taille humaine, sur le mont Ventoux et les coteaux des monts du Vaucluse et du Luberon où elle profite du climat méditerranéen qui la charge en sucre. Le vent local la préserve naturellement des insectes ravageurs. On la trouve sur les marchés de début mai à mi-juillet. Certains producteurs proposent des récoltes participatives, dont le domaine des Touchines (Saint-Didier). L'association de producteurs de fruits du Ventoux (Fruiventoux), cerise et raisin muscat confondus, mène des actions conjointes. Et une douzaine d'agriculteurs sont actuellement engagés dans un Groupement d'intérêt économique et environnemental dans le cadre du projet Ventoux Durable, avec pour objectifs l'amélioration des performances économiques, environnementales et sociales du collectif. Il s'agit aussi de répondre aux nouvelles exigences liées au réchauffement climatique.

Figue de Solliès

Les figuiers sont nombreux dans le Var. Certains poussent sur les terrains vagues et font le régal des oiseaux, des insectes et des glaneurs de passage. Le bassin de Solliès génère à lui seul les 3/4 de la production agricole de figues commercialisées en France. L'aire d'appellation de la figue de Solliès, AOC depuis 2006, s'étend au nord des Maures et de Toulon. Cette figue de variété Bourjassotte noire, dite « figue violette », est de couleur sombre, en forme de goutte d'eau écrasée, dense, ferme et souple à la fois, à la pulpe charnue et rouge. Aromatique et sucrée, c'est un régal ! Elle est récoltée de mi-août à mi-novembre. On la trouve dans les boutiques et sur les marchés de Provence.

Melon de Cavaillon

Dans le Vaucluse, particulièrement dans le Comtat Venaissin, 430 exploitations cultivent du melon, souvent en association avec la production de fraises. La filière mène une action pour l'obtention d'une IGP Melon de Cavaillon. De variété « charentais jaune », celui-ci profite ici du climat et d'une culture raisonnée et maîtrisée et d'une cueillette à maturité qui garantissent sa qualité gustative. Sa culture a pu s'épanouir grâce à un système d'irrigation judicieux à partir des eaux abondantes du canal de Carpentras. Pour le choisir, repérez ceux qui sont lourds, odorants et fermes, avec un pédoncule légèrement craquelé. La populaire Fête du melon de Pernes-les-Fontaines, mi-juillet, lui rend hommage.

Melon de Cavaillon.

© PATRICK J.- STOCK.ADOBE.COM

Pomme de terre de Pertuis

Les agriculteurs du canton de Pertuis ont relancé la production de la pomme de terre symbolique de la culture paysanne de la vallée de la Durance, commune dans les potagers et très appréciée des Provençaux pour sa valeur gustative. Cette pomme de terre de conservation, à chair jaune, essentiellement de variété Monalisa et Samba, bénéficie dans la plaine de Durance d'un sol sableux-limoneux très favorable. Conditionnée en sacs estampillés « Pomme de terre de Pertuis », de 5 ou 10 kg, on la trouve en vente directe à la propriété, sur des marchés et en boutiques. Au menu dans une quinzaine de restaurants de Pertuis, elle est à l'honneur fin octobre lors de la Fête de la patate et du vin nouveau de Pertuis.

Pomme Saint Pétrus des Alpes-de-Haute-Provence

Aristocrate parmi les pommes, la Saint Pétrus est produite dans les Alpes-de-Haute-Provence qui offrent un climat contrasté avec un fort taux d'ensoleillement, un sol alluvionnaire et une qualité de l'air remarquable. Autant de conditions qui lui confèrent une saveur caractéristique. La pomme Saint Pétrus est produite et commercialisée par Pom'Alpes, Sica Société d'Initiatives et Coopération Agricoles de Manosque qui met au point des systèmes de culture et de conservation innovante et mène des essais sur de nouvelles variétés pour produire dans le respect de l'environnement et dans l'objectif d'un développement durable, des pommes toujours plus goûteuses et riches en bienfaits.

Petit épeautre de Haute-Provence

Voici une vingtaine d'années, les producteurs locaux ont relancé la culture du petit épeautre de Haute-Provence à la saveur inchangée depuis près de dix mille ans. Ce blé ancestral pauvre en gluten séduit les consommateurs et sa culture contribue à la préservation de la biodiversité. Le grain Petit Épeautre de Haute-Provence et la farine « Farine de Petit Épeautre de Haute-Provence » sont chacun dotés d'une IGP. Cette céréale rustique, cultivée principalement en bio, se suffit de terrains pauvres, supporte des conditions climatiques rudes, y compris la sécheresse et ne nécessite ni pesticide ni désherbant. Très présente en Haute-Provence, elle côtoie souvent les champs de lavande.

Raisin noir : Muscat du Ventoux

Avec ses grappes généreuses au minimum de 250 g chacune (donc 3 ou 4 grappes : 1 kilo !), la petite peluche blanche naturelle qui recouvre ses grains noirs et sa saveur sucrée et muscadée, le raisin AOP Muscat du Ventoux est un régal. Le vignoble s'épanouit au pied et sur les coteaux du mont Ventoux, entre les monts du Vaucluse et le massif du Luberon. Un dimanche de mi-septembre, Mazan fête le raisin AOP muscat du Ventoux, vedette de son Festival Ventoux Saveurs, au côté de sa cousine la Cerise du Ventoux.

Riz de Camargue

Le riz en Camargue, cela ne date pas d'hier. Sa culture fut ordonnée par Henri VI à la fin du XVIe siècle, ainsi que celle de la canne à sucre et de la garance. Dans les années 1840, les rizières furent très utiles pour absorber l'eau des grandes crues du

Riz de Camargue.
© FESENKO - STOCK.ADOBE.COM

Raisin noir.
© ANNA_KLYASHEVA - STOCK.ADOBE.COM

Rhône et pour dessaler les terres. Moyennant quoi les terres du delta purent aussi recevoir des vignes. Depuis 2000, le riz de Camargue est protégé par une IGP dans ses différentes variétés. Entre 1840 et 1913, quelques centaines d'hectares de rizières sont enregistrés. Mais le riz n'est guère considéré à l'époque, souvent il n'est même pas récolté, au mieux, il sert à nourrir les cochons. De 400 ha en 1944, la Camargue passe à 3 000 ha en 1945, puis 32 000 ha. La production concerne aujourd'hui 15 000 ha au cœur d'un triangle délimité par Aigues-Mortes à l'ouest, Port-Saint-Louis-du-Rhône à l'est et Tarascon au nord. Les riziculteurs travaillent en synergie avec les éleveurs de Camargue et les milieux environnementaux au sein du Parc.

Thym et herbes de Provence

C'est un incontournable de la cuisine provençale, les herbes de Provence, fraîches ou sèches, embaument la garrigue et les plats locaux. Thym, origan, sarriette et autre laurier apportent leurs bienfaits et leurs arômes naturels aux ratatouilles, daubes, salades…

Lavande

Les champs de lavande marquent les paysages de la Haute-Provence. Selon l'altitude, la floraison varie de mi-juin à fin août. La récolte embaume la campagne fin juillet sur le plateau de Valensole alors que l'on doit parfois attendre jusqu'à fin août autour du pays de Forcalquier pour tailler la lavande. La plus noble des lavandes, la lavande vraie ou fine *(Lavandula angustifolia)* donne la meilleure huile essentielle. On la reconnaît à sa longue branche dotée d'un seul épi de fleur. Cultivée entre 500 et 1 500 m d'altitude, sur les versants ensoleillés des montagnes de Provence où elle pousse également à l'état sauvage en buissons pouvant atteindre jusqu'à un mètre de hauteur. Hybride de lavande vraie et de lavande aspic, le lavandin, pour sa part, se distingue avec une branche ramifiée à trois épis de fleurs. Son rendement est 4 fois supérieur à celui de la lavande fine. Utilisée dans les parfums, les savons et les détergents, la lavande est connue pour ses nombreuses propriétés thérapeutiques. En été, de nombreuses fêtes ont lieu dans les Alpes-de-Haute-Provence autour de la récolte et de la distillation : en juillet, à Valensole et à Barrême, en août, à Digne-les-Bains et Saint-Geniez, en septembre à Saint-André-les-Alpes…

Vignobles et oliveraies

La vigne et l'olivier ont trouvé en Provence une terre propice. Le soleil confère aux fruits leur qualité, le travail des hommes fait le reste. Vous trouvez de grands vins et des huiles d'olive réputées sur les routes gourmandes de Provence. Faites escale chez les producteurs, ils savent raconter leur histoire.

Thym.
© DMYTRO - STOCK.ADOBE.COM

LES ESPACES NATURELS PROTÉGÉS

Compte tenu de la richesse de sa biodiversité, des menaces qui pèsent sur elle avec la fréquentation touriste et la pression foncière, compte tenu aussi du pittoresque de ses paysages, la Provence compte de nombreux espaces naturels protégés et tout d'abord 3 parcs naturels nationaux. Ceux des Calanques (Bouches-du-Rhône) et de Port-Cros (Var), remarquables espaces maritimes, et celui du Mercantour (Alpes-Maritimes/Alpes-de-Haute-Provence), refuge de biodiversité alpine et paradis pour la randonnée pédestre. S'ajoutent 6 parcs naturels régionaux également très typés, celui de la Camargue dans le delta du Rhône avec ses salins et ses flamants, et ceux des massifs méditerranéens au relief et à la végétation remarquables : Alpilles, Luberon, Verdon, Sainte-Baume, mont Ventoux. Un nouveau parc est en projet concernant le massif des Maures. Autre massif emblématique du territoire, la montagne Sainte-Victoire est protégée au titre de Grand Site de France conjointement avec son voisin le massif du Concors. S'ajoute une douzaine de réserves naturelles nationales sur tout le territoire.

LE SENTIER DU LITTORAL

Des Saintes-Maries-de-la-Mer à Toulon, l'ancien sentier des douaniers chemine en regardant la mer. On peut le suivre presque sur toute la longueur du parcours, avec plus ou moins de facilité en empruntant des sentiers pédestres littoraux qui relient la Camargue à la rade de Toulon, en dévoilant une mosaïque remarquable de milieux naturels. Entre ciel et mer. Cet ouvrage, découpé en 4 parties et 15 balades de quelques kilomètres, permet d'arpenter le littoral par petites promenades. Le texte dévoile toutes les richesses du patrimoine naturel et culturel traversé, tandis que les cartes permettent de se repérer aisément. Un guide indispensable à mettre dans tous les sacs à dos !

Parc national des Calanques.

LES GRANDS SITES DE FRANCE

Les Grands Sites de France labellisés ou en projet ont en commun d'être des sites classés au titre de la loi du 2 mai 1930 sur « la protection des monuments naturels et des sites de caractère artistique, historique, scientifique, légendaire ou pittoresque », pour une partie significative de leur territoire. Ils dépendent du ministre de l'Environnement. Chaque Grand Site dégage un « esprit » qui lui est propre traduit par les peintres, les poètes ou les écrivains. Ce sont des sites réputés menacés par une sur-fréquentation touristique.

Le réseau Grands Sites de France s'attache à la préservation et la restauration de paysages fragiles et attractifs, l'organisation intelligente d'une fréquentation intense qu'il faut gérer et maîtriser et la promotion des valeurs du développement durable.

En Provence, la montagne Sainte-Victoire, source d'inspiration majeure du peintre Cézanne, adhère depuis 2000 au réseau des Grands Sites de France. Lors du renouvellement de son label, en 2019, le massif du Concors est venu compléter le territoire. Six autres sites sont actuellement dans une démarche préliminaire avec une opération Grand Site :

- Gorges du Verdon
- Massif des ocres
- Presqu'île de Giens et salins d'Hyères
- Fontaine de Vaucluse
- Mont Ventoux
- Domaine du Rayol Jardin des Méditerranées

LES ESPACES NATURELS SENSIBLES DÉPARTEMENTAUX

Créés par les Départements, les espaces naturels sensibles (ENS) sont des sites naturels d'intérêt écologique ou paysager, fragiles ou menacés qui font l'objet de mesures de préservation et de gestion. Il s'agit de préserver la qualité des sites, des paysages, des milieux et habitats naturels et les champs naturels d'expansion des crues.

Avec les ENS, les Conseils départementaux peuvent créer des zones de préemption (DPENS) pour répondre aux enjeux paysagers, écologiques et de prévention des risques d'inondation repérés sur ces espaces. Les ENS sont le plus souvent des zones humides, espaces devenus de plus en plus rares suite à l'urbanisation. Les tourbières sont également des espaces précieux à protéger, mais aussi les prairies sèches, certains alpages, des forêts et des garrigues.

Certains ENS remarquables sont aménagés pour permettre au public la découverte didactique avec des cheminements, des caillebotis, des sentiers à thème, des observatoires, des panneaux explicatifs.

Car l'objectif des ENS est également une valorisation des espaces et une sensibilisation du public. En été des animateurs nature sont sur le terrain pour informer les visiteurs et proposer des sorties à thème. La Provence abrite plusieurs centaines d'ENS, dont des dizaines accessibles au public et aménagés pour leur découverte.

- **Les Alpes-de-Haute-Provence** à elles seules comptent 118 sites labellisés, dont 14 à découvrir qui dévoilent un remarquable patrimoine géologique et des panoramas dont ceux du col d'Allos et du vélodrome d'Eslagon.

- **Le Vaucluse** avec 22 sites ouverts au public apporte sa contribution. On ne ratera pas plusieurs forêts protégées, dont l'une départementale où randonner, ni le féérique Sentier des Ocres (depuis Villars).

- **Le Var**, lui a labellisé 244 sites ! Pour tout savoir des ENS varois, on fait une halte dans l'Écoferme départementale de la Barre (Toulon), à l'orée de l'ENS du même nom, ou à la Maison départementale de la nature de l'ENS du Plan (La Garde).

- **Quant au Département des Bouches-du-Rhône**, il est aujourd'hui propriétaire de près de 17 000 ha d'espaces naturels sensibles répartis sur une trentaine de domaines ouverts au public.

Vous pouvez télécharger sur le site Internet de chaque département un livret consacré à ses ENS avec localisation sur une carte. Un outil précieux pour découvrir le patrimoine naturel sur votre chemin.

© BRUNO DORISON - STOCK.ADOBE.COM

L'archipel de PAUL RICARD

En 10 min de navigation depuis Six-Fours-les-Plages, on rejoint l'archipel des Embiez composé de 5 îles principales et de nombreux îlots. Paul Ricard (1909-1997), inventeur du célèbre apéritif anisé, a fait de ce joyau en Méditerranée un refuge de nature ouvert au public. Le chef d'entreprise marseillais fit l'acquisition de la grande île de la Tour Fondue dans les années 50 pour faire découvrir son environnement privilégié. Dans la foulée, en 1966, cet amoureux de la mer y implanta l'Institut océanographique, toujours ouvert au public.

Car l'autre motivation de Paul Ricard fut la protection de l'écosystème de l'archipel. Pour en protéger la faune et la flore rares et vulnérables, Paul Ricard décida de préserver l'archipel du béton et d'y limiter de manière drastique la circulation automobile. On peut se recueillir devant sa tombe, discrète sous un beau rocher de calcaire, face à la mer.

Un sentier nature vous permet une découverte documentée de cette île qui recèle un concentré de biodiversité méditerranéenne. Son port de plaisance, est labellisé « Pavillon Bleu » et certifié « Port propre » et Iso 14001. Les adeptes des randonnées en pleine nature ou des balades à vélo, les plongeurs à la recherche de nouveaux spots, voire les plaisanciers, peuvent y trouver leur bonheur. Mais pas en été où l'affluence touristique est vraiment trop importante.

LE FOIN DE CRAU

C'est le seul foin au monde doté d'une AOC. Produit dans la plaine de Crau, côté Crau humide, il bénéficie d'une AOC depuis 1995. S'il pousse sur ce terroir d'exception c'est grâce à Adam de Craponne qui construisit entre 1557 et 1558 le premier canal pour irriguer La Crau en prélevant de l'eau dans la Durance.

Aujourd'hui, La Crau abrite 13 500 ha de prairies irriguées, dont 8 500 ha classés en AOP. Ils sont environ 220 producteurs dont une vingtaine en bio à fournir ce foin à la flore riche et équilibrée entre graminées (fromental, dactyle, fétuque), légumineuses (lotier, trèfles) et diverses autres plantes. Sa composition varie d'une coupe à l'autre. La première, en mai, la plus riche en graminées, convient particulièrement à l'alimentation des chevaux et à l'engraissement des bovins. La coupe de juin-juillet accroît les performances laitières des vaches et des brebis. La dernière coupe, en août-septembre, donne un foin feuillu et riche en légumineuses, particulièrement adaptée pour les ovins et les caprins dont elle augmente de même la production de lait. Ce foin est identifiable à sa ficelle blanc et rouge. On le trouve en petit format en jardinerie pour nourrir les rongeurs domestiques. Le foin de Crau nourrit même quelques chevaux de course privilégiés des haras du Maroc ou des émirats arabes.

© STEFAN - STOCK.ADOBE.COM

© PAUCA - STOCK.ADOBE.COM

HAUTE-PROVENCE

Réserve géologique et Géoparc UNESCO

La Provence apporte sa pierre au travail de mémoire à l'échelle géologique. Créée en 1984, la réserve géologique de Haute-Provence s'étend sur un territoire de 200 000 ha entre les Alpes-de-Haute-Provence et le Var. Concernant la nappe de charriage de Digne, l'arc plissé de Castellane, le bassin de Digne-Valensole et des chaînons provençaux varois, cette réserve protège et valorise des sites géologiques, des fossiles en place, des paysages aux couches plissées et fracturées. Impliquée depuis 2015 dans la valorisation des sites géologiques les plus précieux, l'UNESCO a choisi Digne-les-Bains comme berceau de sa démarche. Il faut dire qu'en Haute-Provence, des forces géologiques confrontées à celle des hommes ont tissé une histoire particulière et façonné l'identité locale au fil des millénaires. C'est cette relation particulière entre la terre et les habitants, que l'UNESCO Géoparc de Haute-Provence vous invite à découvrir.

Paradis des géologues, ce Géoparc porte les traces de plus de 300 millions d'années d'histoire de la Terre. Pas besoin d'être un scientifique pour apprécier ses paysages grandioses et s'imprégner de son histoire, son patrimoine géologique, sa biodiversité remarquable, sa culture. On commence par le Musée Promenade, à Digne-les-Bains, centre d'interprétation muséographique du site qui donne les clés pour comprendre les paysages alentour. Puis on part explorer les cinq routes de découverte du Géoparc. En chemin, on croise les partenaires ambassadeurs du parc, restaurateurs, artisans, producteurs…

Patrimoine MATÉRIEL

Le village de Roussillon.
© BORIS STROUJKO - STOCK.ADOBE.COM

Terroir d'exception ouvert sur la Méditerranée, la Provence connut très tôt une implantation humaine comme en témoignent pléthore d'édifices fort anciens et même vestiges préhistoriques.

Au fil des siècles, civilisations, seigneurs de guerre, ordres religieux et pratiques agricoles ont laissé des traces. Le patrimoine bâti recèle des joyaux dont les plus somptueux sont inscrits au patrimoine mondial de l'Humanité par l'UNESCO.
Ce territoire totalise une demi-douzaine d'édifices classés : le Palais des Papes, l'ensemble épiscopal et le pont d'Avignon, les monuments romains et romans d'Arles, le théâtre antique et l'arc de triomphe d'Orange. S'ajoute pour l'époque contemporaine la Cité Radieuse de Le Corbusier, à Marseille.

Les villages perchés participent au charme du paysage provençal. Une architecture liée à l'histoire locale et au relief complète le tableau avec des édifices de villégiature sur la Côte d'Azur, des phares, des ports, les villas mexicaines de la vallée de l'Ubaye, les maisons de vigne ou encore les bergeries d'altitude.
Sans compter les nouvelles tendances qui se font jour avec l'engouement pour les tiny houses, les maisons bioclimatiques, voire les hébergements insolites pour les hôtes, perchés dans les arbres, sur pilotis ou autres originalités.

ÉDIFICES RELIGIEUX

Palais des Papes à Avignon.
© MADZIA71 - ISTOCKPHOTO.COM

Avec Avignon, la Provence abrite le fleuron papal historique du catholicisme, juste derrière Rome et le Vatican. Effectivement, les papes catholiques vécurent entre 1309 à 1377, dans la bien nommée Cité des Papes qui resta sous le règne pontifical jusqu'en 1791, date à laquelle Avignon fut rattachée à la France. Au centre de la ville, le Palais des Papes entouré de remparts médiévaux en pierre témoigne de cette histoire. Aujourd'hui, le Palais des Papes sert de décor aux spectacles majeurs du Festival d'Avignon. Parmi les autres joyaux de l'architecture religieuse en Provence, on peut citer les abbayes cisterciennes du Thoronet, de Silvacane et de Notre-Dame-de-Sénanque qui témoignent du rayonnement de l'ordre dans la région à l'époque médiévale. Autres édifices religieux remarquables, les anciennes cathédrales de Digne-les-Bains, de Forcalquier, d'Entrevaux et de Senez, et les cocathédrales de Fréjus, Toulon, Apt, Cavaillon, Orange, Vaison-la-Romaine…

CHÂTEAUX ET ÉDIFICES DE DÉFENSE

Les châteaux provençaux se distinguent par leurs intérieurs élégants, évoquent un certain art de vivre et arborent des parcs et jardins souvent luxuriants. Le plus connu est le château de Lourmarin (Vaucluse), édifice Renaissance exceptionnel qui abrite des collections d'art et des instruments de musique. Lourmarin accueille des artistes en résidence et des événements culturels prestigieux. Fief des Castellane du XIIIe au XVIIIe siècle, le château d'Allemagne-en-Provence, de style Louis XII en son écrin de verdure, figure parmi les édifices les plus élégants et les mieux préservés de Haute-Provence.

Parmi les plus importants châteaux du Var, celui d'Entrecasteaux, ancienne forteresse médiévale, domine de sublimes jardins dessinés par Le Nôtre. Parmi les plus importants châteaux du Var, Entrecasteaux abrite un riche mobilier historique. On visite les cuisines Renaissance, le salon de musique baroque, une bibliothèque prestigieuse, des cabinets de curiosités, une suite orientale, etc. Connu comme « le Petit Trianon de Provence », le château néoclassique de Sauvan, près de Forcalquier (Alpes-de-Haute-Provence), est entouré d'un parc classé Jardin remarquable abritant une Orangerie. Enfin, le monumental château-forteresse des Baux-de-Provence (Bouches-du-Rhône) offre une vue panoramique sur la vallée des Baux et regroupe un vaste ensemble de vestiges de chapelles, anciennes, tours défensives, un donjon et des habitats troglodytes, mais aussi le plus grand trébuchet de France.

Château d'Allemagne-en-Provence.

ARCHITECTURE MILITAIRE

Compte tenu de leur position stratégique vers l'Italie, les Alpes-de-Haute-Provence abritent de remarquables édifices de défense. Pour protéger le Haut Verdon des intrusions piémontaises, Vauban renforce Colmars. Au sein de ses remparts aux tours pentagonales, la vieille ville de Colmars-les-Alpes encadrée de deux forts puissants, celui de France et celui de Savoie, reste un modèle du patrimoine Vauban fortifié.

Place forte entre Nice et Digne, Entrevaux est tout à la fois un beau village médiéval lové dans un méandre du Var, accessible par un pont-levis fortifié, et une citadelle perchée à 155 m au-dessus de la ville accessible par une rampe fortifiée et une vingtaine de portes bastionnées. À la frontière entre les anciennes provinces du Dauphiné et de Provence, souvent convoitée, Sisteron fut fortifiée. Citadelle de la vallée de la Durance, elle s'appuie sur un donjon du XIIe siècle et des remparts du XIVe siècle.

Cité frontière, à l'extrême nord de la Provence, Seyne-les-Alpes qui domine la vallée de la Blanche fut consolidée par Vauban dès 1693 avec une grande tour de guet et des tours bastionnées, et renforcement de ses remparts. On peut évoquer aussi Saint-Vincent-les-Forts, village perché en nid d'aigle, site fortifié à la porte de la vallée de l'Ubaye, avec point de vue somptueux sur le lac de Serre-Ponçon. La ligne Maginot en Ubaye protégeait ainsi la frontière des Alpes jusqu'à Menton. En témoigne le fort de Tournoux sur un éperon rocheux, au confluent des vallées de l'Ubaye et de l'Ubayette, sur la voie d'accès à l'Italie, remarquable avec ses constructions du fort à la verticale sur près de 700 m de dénivelé. Tapi sur un plateau montagneux en tireur d'élite, l'ouvrage du Haut Saint-Ours veille sur la frontière franco-italienne en tir croisé avec le fort de Roche-la-Croix. À 1 900 m d'altitude, ce fort se distingue par sa tourelle à éclipse armée de deux canons de 75 mm était surnommée la « méchante » par les troupes italiennes.

Sisteron.

ARCHITECTURE PROVENÇALE

L'architecture traditionnelle reste très présente en Provence. De loin, on admire les villages perchés, dans les centres-bourgs on croise les maisons hautes qui ne manquent pas de charme. En cheminant dans la campagne, on découvre des bories, petites cabanes rondes et pointues édifiées en pierres sèches pour l'abri des paysans et du matériel au milieu des champs. En Camargue, ce sont d'autres maisonnettes typiques avec les chaumières ou cabanes de gardians que l'on reconnaît à leur toit oblong couvert de roseaux des marais. Les familles d'agriculteurs vivent dans des mas à un étage, les propriétaires terriens les plus riches font construire des bastides en U autour d'une cour et agrémentées de tours, de pigeonniers, de granges et d'appentis. Les manades de taureaux et les propriétés viticoles ont aussi leur physionomie provençale. La tuile canal en terre cuite aux tons roses, les rangs de génoises pour finir les murs sont des éléments architecturaux qui signent l'architecture provençale traditionnelle. Les cabanes de pêcheurs sont recyclées pour les week-ends et les pique-niques en famille. Des friches industrielles sont réhabilitées comme l'ancienne Tuilerie Bossy qui accueille des artisans d'art. Des maisons de villégiature sur le littoral, des coopératives agricoles, des ports, des phares, des ponts complètent le tableau.

LES VILLAS MEXICAINES DE L'UBAYE

Tisserands et commerçants réputés, les paysans de l'Ubaye, comme de nombreux Haut-Alpins, transformaient la laine de leurs moutons en draps. En hiver, ils se faisaient colporteurs pour écouler leur production en Provence, en Bourgogne ou dans les Flandres. Au milieu du XIXe siècle, suite à la proclamation de l'indépendance du Mexique, les colporteurs de la vallée, particulièrement ceux originaires de Barcelonnette et de Jausiers, tentèrent leur chance outre-Atlantique.

De retour au pays, ils se firent construire de grandes maisons. Parmi ces villas dites mexicaines, la Sapinière abrite aujourd'hui un musée à leur mémoire.

Bories.

Les trois frères Arnaud, de Jausiers, partis vers 1820, furent les premiers et ouvrirent un magasin de tissus au cœur de Mexico. On parlait alors de boutiques « de nouveautés ». Ces émigrés français au Mexique, même s'ils venaient parfois des Pyrénées, étaient tous surnommés les « Barcelonnettes ». Entre 1890 et 1914, les villas mexicaines se multiplient dans l'Ubaye. On en trouve une cinquantaine à Barcelonnette, autour de la ville médiévale, et une trentaine à Jausiers, à 6 km de là. Toutes de grand standing, ces villas mélangent les influences, intégrant des éléments rococo et d'autres Art nouveau, un bow-window à l'anglaise et des peintures à tempura. Leurs intérieurs rivalisent de décors peints, trompe-l'œil, carreaux de ciment peints, vitraux et marqueterie, tapisseries au pochoir, rideaux et mobilier d'époque… L'histoire a son importance, car si l'Ubaye compte 7 500 habitants, on estime qu'au Mexique les descendants des Barcelonnettes seraient plus de 20 000 !

LES ENDUITS À LA CHAUX

Les mortiers de maçonnerie d'autrefois façonnés résultent d'une transmission ancestrale permettant d'effectuer des enduits à la chaux. Utilisés depuis des millénaires, les badigeons et finitions à la chaux reprennent du service compte tenu de leur capacité à laisser « respirer » les murs, de leur solidité et de la richesse de leurs rendus. Tradition du sud de la France au même titre que le travail de la pierre sèche, les enduits et badigeons de chaux enchantent les façades ensoleillées des bastides du Luberon. L'enduit à la chaux et les badigeons de façade des demeures du Vaucluse sont réalisés dans la plus pure tradition. Ils s'intègrent parfaitement dans la rénovation d'une maison. Les ocres de Roussillon permettent de colorer la chaux dans une belle palette de tons naturels allant du jaune clair au rouge.

CORRENS, PREMIER VILLAGE BIO DE FRANCE

Les agriculteurs de ce village du Var de 900 habitants ont fait le choix du 100 % bio ! C'est du moins le slogan affiché par le village pour se différencier des autres. Des vignobles aux cultures de plantes aromatiques, des poulaillers aux ruchers en passant par les élevages de chèvres laitières pour le fromage, tous arborent le label bio.

Au nord de Brignoles, à l'entrée des gorges de la Bagarède et du pittoresque Vallon Sourn, Correns séduit les visiteurs et retient ses habitants. L'Argens arrose le village sur 4 km de long, enjambé par un charmant pont ancien à une seule arche. Ses berges constituent un écosystème d'une grande richesse, paradis pour de nombreuses espèces végétales et animales, dont certaines trouvent là leur dernier refuge mondial. Les enfants se baignent dans cette rivière sur laquelle les jardins et les maisons donnent directement. Un air d'antan et une ambiance sereine prédominent. On rejoint par des calades étroites, ces jolies ruelles pavées de galet, le Fort Gibron, prieuré du XIIIe qui domine le village du haut de son campanile. Plus récente, l'église, de style baroque du XVIIIe abrite un magnifique retable, triptyque en bois remarquable. Le 3e week-end d'août, la fête du bio de Correns rassemble plus de 130 exposants. Tous les professionnels du bio se retrouvent : agriculteurs, viticulteurs, maraîchers, éleveurs, médecine douce, restaurateurs, commerçants, éco-constructeurs, etc.

Maisons enduites à la chaux, Roussillon.

© BORIS STROUJKO - STOCK.ADOBE.COM.

© NOAK/LEBARFLOREAL

SARAH LEFRANÇOIS LEBRETON

Une île en Luberon

Après une carrière dans le social à Aix-en-Provence, Sarah Lefrançois Lebreton vient d'effectuer une reconversion. Cette inconditionnelle du Luberon a fait édifier sur les hauteurs d'Apt, une maison contemporaine en bois à énergie positive, bioclimatique et passive, au sein d'un jardin sec. Un bâtiment dédié abrite ses trois chambres d'hôtes de charme. À l'enseigne de « La Possibilité d'une île », elles sont parfaites pour un séjour éco-responsable et apaisant.

La vue panoramique sur le sommet du Luberon, juste en face, et le village de Saignon a d'emblée séduit et Sarah Lefrançois Lebreton heureuse de partager cet environnement avec ses hôtes, tout comme elle aime leur indiquer tel artisan ou tel restaurant qu'elle apprécie. Le Bar des Amis ou Un jardin sur le toit à Saignon, par exemple.

Ce fut une aventure toutefois pour arriver à finaliser son projet. Alors que son chantier devait faire intervenir une équipe de Compagnons du Devoir pour la réalisation de murets en pierres sèches pour structurer les espaces extérieurs, la crise du Covid a stoppé le chantier. Qu'à cela ne tienne après avoir visionné des tutoriels sur Internet, elle s'est lancée. « *J'ai commencé par un petit bout par défi, pour m'occuper, et finalement j'ai monté les 300 m de murs prévus.* » Une réussite ! Sarah Lefrançois Lebreton vient de faire la démarche pour l'obtention de la marque Valeurs Parc naturel régional du Luberon pour ses chambres. « *Cet environnement me fait vivre et je veux contribuer à sa préservation et sa valorisation. La Possibilité d'une île s'inscrit dans l'esprit d'un écotourisme en accord avec les valeurs du Parc.* »

VILLES ET VILLAGES REMARQUABLES

LES VILLES D'ART ET D'HISTOIRE

La Provence abrite avec Marseille la troisième ville de France, derrière Paris et Lyon, forte de plus de 1,6 million d'habitants. Tout comme Aix-en-Provence, Martigues, Hyères, Fréjus ou Arles, Marseille est une ville d'art et d'histoire. Ces villes ont fortement marqué l'histoire locale et gardent en leur centre-ville des vestiges architecturaux majeurs. Une visite avec un guide du patrimoine ou un ouvrage de référence vous aidera à retracer ces épisodes historiques.

Ansouis.

© BERNARD GIRARDIN - STOCK.ADOBE.COM

LES PETITES CITÉS DE CARACTÈRE

La Provence fait son entrée en 2022 dans la collection des « Petites Cités de Caractère » avec l'intégration de Vaison-la-Romaine (Vaucluse) comme « Nouvelle Petite Cité de Caractère » en raison de la richesse de son patrimoine et de la façon dont celui-ci est préservé et valorisé. La cité des Voconces, tout à la fois romaine et médiévale.

LES PLUS BEAUX VILLAGES DE FRANCE

C'est l'un des charmes de la Provence. Ce territoire est émaillé de villages de charme autour d'un clocher à campanile, particulièrement ceux qui sont perchés en escargot ou étirés le long d'une crête. Parmi eux, une quinzaine sont reconnus comme étant parmi les « Plus Beaux Villages de France ». C'est le Vaucluse qui en compte le plus : Ansouis, Gordes, Lourmarin, Ménerbes, Roussillon, Séguret et Venasque. Le Var en abrite 5 (Bargème, Cotignac, Le Castellet, Seillans et Tourtour), les Bouches-du-Rhône un, les magnifiques Baux-de-Provence, tout comme les Alpes-de-Haute-Provence avec Moustiers-Sainte-Marie.

LES STATIONS VERTES

Premier label d'écotourisme en France, une Station verte distingue des destinations nature de qualité. Parmi les 19 nouvelles stations vertes en 2022, deux sont en Provence : Montclar et Ubaye-Serre-Ponçon, toutes deux situées dans le département des Alpes-de-Haute-Provence qui en totalise plus d'une dizaine, dont Sisteron ou Saint-André-les-Alpes. Le Vaucluse compte cinq stations vertes, dont Vaison-la-Romaine et Beaumes-de-Venise. Le Var en compte aussi cinq, dont Salernes-en-Provence, cité de la céramique et de l'artisanat d'art. Et les Bouches-du-Rhône, une seule, Gémenos, au pied de la Sainte-Baume.

LA CITÉ RADIEUSE DE LE CORBUSIER

à Marseille

Les architectes et les urbanistes du monde entier viennent visiter cette icône architecturale inscrite au patrimoine mondial de l'UNESCO. La Cité Radieuse est une Unité d'habitations novatrice et surprenante. Œuvre de l'architecte Le Corbusier, édifiée entre 1947 et 1952, elle s'articule autour d'un concept visant à jouer avec les lumières, les perspectives, les couleurs… L'objectif était de proposer bien-être et confort au quotidien à tous les habitants de l'unité. Telle une cité-jardin verticale, construite sur pilotis, c'est un ensemble de logements individuels insérés dans une structure collective imaginée comme un laboratoire pour un nouveau « système d'habitat ». La Cité Radieuse compte 337 appartements, de 23 types différents, au sein d'un parc de 2,8 ha ouvert toute l'année. C'est l'anti-HLM « cages à lapin ».

Aux logements et espaces individuels très confortables et modernes pour l'époque, s'ajoutent les « prolongements du logis » conçus pour que se développe une nouvelle pratique de l'habitat collectif. La Cité Radieuse abrite une artère centrale commerçante avec une librairie et maison d'édition, un bar-restaurant, un hôtel, un concept store de Design, une galerie d'art contemporain et un salon de thé. Les habitants disposent aussi sur le toit-terrasse : d'une école maternelle et d'un gymnase qui abrite depuis 2013 le MaMo, un centre d'Art contemporain dirigé par le designer Ora-Ïto. Il y a même une piste de course autour du toit !

Patrimoine IMMATÉRIEL

Balade à cheval en Camargue.

© CYNOCLUB - ISTOCKPHOTO.COM

Terrain de nature exceptionnel, la Provence autorise une multitude d'activités de plein air. Le littoral invite à cheminer le long des côtes, nager, plonger, naviguer. On peut cheminer, pédaler, chevaucher sur les sentiers de l'arrière-pays et ses massifs sauvages. En prenant de la hauteur vers l'Ubaye et le Mercantour, on peut pratiquer l'alpinisme et les sports de neige.

La Provence c'est aussi un territoire du bien-vivre où manger a son importance. Recettes et produits du terroir y composent une palette de choix. S'ajoutent des légendes, des traditions, des réjouissances et des galéjades, le savoir-faire d'artisans d'art à découvrir, sans oublier de nombreuses occasions tout au long de l'année de festoyer et de se régaler.

Et les occasions sont nombreuses de passer de bons moments : participer aux vendanges, voir presser l'huile d'olive ou distiller la lavande, visiter des salins, apprendre à cuisiner la daube, le tian ou la ratatouille provençale, danser le rigodon, admirer la floraison des mimosas, devenir un peu Provençal le temps d'une rencontre… C'est à Noël, mais aussi à la Saint-Jean que les danses et la musique provençales sont les plus présentes.

UN FESTIVAL DE SAVEURS

Le soleil de Provence confère aux fruits et légumes des saveurs inégalées. On s'y régale de melons délicieux, de tomates juteuses et de tous les légumes de la ratatouille et du tian, des poissons et fruits de mer de Méditerranée, de l'agneau d'alpage et des fromages au lait de chèvre. Et pour agrémenter les produits du terroir de délicieuses recettes perdurent dans les familles et sur les tables des chefs et les traditions culinaires autour de Noël apportent aussi leur contribution. La liste est longue des produits gourmands et des plats provençaux. Voici quelques incontournables.

Oursin.

© ONLY FABRIZIO - STOCK.ADOBE.COM

LA BOUILLABAISSE

N'en déplaise aux Marseillais, la bouillabaisse est originaire de la Grèce antique. Initialement nommée Kakavia, elle prit le nom de bouillabaisse au XIIe siècle av. J.-C. d'après le provençal bouiabaisso qui signifie bouillir et abaisser. Un plat de pauvre à l'origine. On mangeait, en famille, un ragoût de poisson réalisé à partir des restes et des invendus des poissons, ramenés par les pêcheurs. La cité phocéenne s'est approprié ce plat au fil du temps. Aujourd'hui, la bouillabaisse à sa confrérie, sa charte établie par les chefs marseillais en 1980, sa recette authentique et les Marseillais ne rigolent pas avec ça !

La bouillabaisse est généralement servie en deux plats : poisson d'un côté et bouillon de l'autre. Les poissons doivent provenir de la mer Méditerranée. Et qu'on se le dise, il n'y a pas de langouste dans la bouillabaisse. Mais au minimum quatre espèces de poissons coupés au moment du service et des pommes de terre. Il faut au bouillon du céleri, du fenouil, des gousses d'ail, du concentré de tomate, de l'huile d'olive, du safran, du piment de Cayenne, des herbes de Provence. Une fois le bouillon servi, les pommes de terre, les morceaux de poisson et de la rouille sont ajoutés.

OURSINS, TELLINES ET POUTARGUE

Les oursins de la Côte Bleue sont réputés. On les coupe en deux pour déguster le corail orangé cru à la petite cuillère avec quelques gouttes de citron et une tartine de beurre. Les tellines sont les vongole de Provence, petits coquillages de la famille des palourdes. Une spécialité gourmande des Saintes-Maries-de-la-Mer où ces délicieux coquillages viennent agrémenter un risotto, des spaghettis et autres gratins. Quant à la poutargue, c'est un autre délice de la mer, à base d'œufs de mulets salés et séchés, elle est appelée boutargue en provençal. C'est un peu le caviar de Méditerranée. Raffinée, puissante et au goût très fort en iode, la poutargue est appréciée sur un toast de pain beurré, avec de l'huile d'olive ou citron selon les goûts. Pour l'apéritif, en lamelle sur une salade, râpée sur des spaghettis…

©NOAK/LEBARFLOREAL

JULIE FAIVRE DOBOZ
La Provence en beauté

Sa boutique est au centre d'Arles, à l'enseigne d'Alyscamps en référence au patrimoine romain de la ville. Alyscamps (traduire Champs-Élysées) symbolise la cité, tout comme la Vénus d'Arles, statue d'Aphrodite, déesse de la beauté. Une inspiration pour Julie Faivre Doboz, fondatrice de cette jeune marque de cosmétiques écoresponsables. « *En fait, c'est toute la Provence qui m'inspire, son charme, sa nature, je puise dans les paysages des Alpilles comme dans la terre brute et sauvage de Camargue… Mon mari, Jean-François, pharmacien et natif d'Arles, m'a transmis l'amour de ce pays.* » Pharmacienne durant près de 20 ans dans l'industrie pharmaceutique, en charge des contrôles de potentielle nocivité des produits, elle a décidé de créer une gamme de cosmétiques sains, efficaces et agréables, pour les femmes, les hommes et les ados. « *J'ai imaginé une sorte de Caudalie de l'huile d'olive avec les produits et les compétences d'ici.* »

La bonne idée de Julie Faivre Doboz, c'est aussi le soin multi-actif « tout-en-un », pas besoin d'aligner crèmes et lotions dans la salle de bains, la crème de jour est aussi crème de nuit, la lotion lavante convient au corps et aux cheveux, un seul emballage, un seul geste. « *L'important pour moi c'est que les produits soient 110 % sains, efficaces, mais aussi onctueux, soyeux, sensoriels. J'ai fait appel à une parfumeuse de Grasse.* » En œuvre, les senteurs de rose, violette, romarin, myrte, bergamote, menthe… Quant aux produits actifs, ils sont naturels et dans leur majorité locaux : figues, tournesols, riz, amandes… L'huile d'olive vierge, majoritaire dans les formulations, vient de la vallée des Baux-de-Provence.

● **Alyscamps :** 16, place de la République, 13200 Arles

DES SAVOIR-FAIRE REMARQUABLES

Les artisans locaux perpétuent les traditions locales dans le travail du bois, du cuir, du verre, de la terre, du tissu, de la pierre. Ils vous invitent à découvrir leurs techniques et leurs œuvres sur les marchés, dans leurs boutiques et ateliers.

TISSUS PROVENÇAUX

Une chemise provençale, une nappe fleurie et chatoyante ? Difficile de résister ! Berceau des tissus provençaux, le pays d'Arles nous impressionne avec ces cotonnades imprimées aux motifs variés et aux couleurs vives inspirées au XVIIe siècle des tissus indiens. La Provence abrite les deux seules fabriques historiques toujours actives d'authentiques indiennes provençales : Souleiado à Tarascon et Les Olivades à Saint-Étienne-du-Grès (boutique à Avignon). Fondé en 1988, le Musée Souleiado de Tarascon raconte l'histoire de l'impression sur tissu, les procédés, montre des étoffes et des tampons en bois gravés historiques. Tout au long de l'année, le musée propose des stages et des ateliers d'impression sur tissu, de boutis ou de piqué marseillais.

MOBILIER PROVENÇAL

Généralement réalisé en noyer, les meubles provençaux, pétrins, panetières, buffets à glissant, boîtes à sel et armoires de mariage sont ornés de colombes, corne d'abondance, panier fleuri, vase et soupière, ou encore de motifs végétaux…

© NOAK/LEBARFLOREAL

ADELINE DE BARRY

Viticultrice à Taradeau-en-Provence

Enracinée sur ses terres varoises, secondée par une équipe de 25 salariés et une quinzaine de saisonniers, Adeline de Barry s'attache à faire prospérer un domaine transmis par les femmes depuis 1740. Une passion qui occupe [presque] toutes ses journées et ses pensées. Et une aventure qu'elle partage depuis plusieurs décennies avec son époux qui a ajouté au domaine la Liquoristerie de Provence. Viticultrice, Adeline de Barry produit de grands vins AOP Côte de Provence, dont un grand cru classé depuis 1895. Dans son château historique, à l'ombre de platanes géants, elle a ouvert des chambres d'hôtes. Le parc à l'anglaise a été doté d'un parcours botanique. Un nouveau chai a été construit qui rend hommage à saint Martin et aux moines qui plantèrent les premières vignes. Et ce n'est pas tout ! Adeline de Barry a voulu valoriser le patrimoine. Les anciennes caves abritent un musée sur l'histoire de la Provence, celle des moines et celle de la famille. On visite aussi une nouvelle exposition interactive sur les liqueurs à travers le monde. Et le domaine programme des événements récurrents. À Noël c'est le grand souper avec les 13 desserts interprétés chaque année par un chef différent. En été, depuis 10 ans, c'est Rire en vignes, un festival de théâtre humour. « *On ne rit pas assez je trouve ! Il faut prendre du bon temps, partager un repas, une bonne bouteille pour se remettre d'accord avec la vie.* » Et l'aventure n'est pas finie. Les 4 enfants d'Adeline de Barry, 12e génération au domaine, sont tous attachés au domaine Saint-Martin. Elle espère bien que chacun y trouvera sa place.

Vous pouvez en découvrir une belle collection au magnifique Muséon Arlaten d'Arles, gardien de l'histoire locale. On peut aussi faire escale à la Maison Dervieux, antiquaire à Arles depuis trois générations et plus de 100 ans, perpétue la tradition du beau mobilier provençal. L'atelier de création et de fabrication des Meubles Mélan, pour sa part, propose des rééditions de meubles de styles Louis XV arlésiens et provençaux.

LE TRAVAIL DU CUIR

Bottes ou selles camarguaises, les cavaliers savent que les cordonniers et les bourreliers du terroir savent travailler le cuir. Connue pour son confort et sa stabilité, la selle camarguaise convient bien à la monte camarguaise et au travail des gardians. Boots, ceinturons, pantalons et gilets de cuir complètent l'équipement.

SANTONS ET CÉRAMIQUES DE PROVENCE

La qualité et la finesse de l'argile de Provence ont fourni aux artisans une matière première de choix pour créer des poteries, des céramiques et surtout des santons. Vaisselle provençale en terre vernissée ornée de brins d'olivier, d'olives ou de lavande, de cigales ou de flamants, pot à eau aux couleurs provençales s'alignent sur les étals des artisans. Mais le summum du kitsch en matière de souvenir provençal reste la cigale en céramique porte-lavande. Des souffleurs de verre proposent aussi des collections de petits animaux et autres objets à mettre dans la valise des visiteurs.

CIERGERIE

La Ciergerie de l'abbaye des Prémontrés, à Tarascon, perpétue dans son atelier le savoir-faire des Pères blancs de l'abbaye Saint-Michel de Frigolet. Vous pouvez découvrir le savoir-faire des maîtres ciriers d'après une technique dont l'origine remonte au XVe siècle. Cette ciergerie fournit un grand nombre d'églises et de chapelles de Provence.

Santons.

Céramiques provençales.

QUELQUES LÉGENDES

LA TARASQUE DE TARASCON

On disait que la Tarasque, animal folklorique provençal amphibie, hantait les marécages près de Tarascon, détruisant tout sur son passage et terrorisant la population. Espèce de dragon à six courtes pattes fortes comme celles d'un ours, avec un torse aussi gros que celui d'un bœuf, une carapace de tortue et une queue écailleuse se terminant par un dard. Et ce n'est pas tout !

Sa tête ressemblait à celle d'un lion avec des oreilles de cheval et un visage de vieillard. La Tarasque a été inscrite à l'inventaire du patrimoine culturel immatériel en France en 2019. Et depuis 2005, les fêtes de la Tarasque à Tarascon ont été proclamées, par l'UNESCO, comme faisant partie du patrimoine oral et immatériel de l'humanité et inscrites en 2008 parmi l'ensemble Géants et dragons processionnels de Belgique et de France.

On dit que la Tarasque vivait sur le rocher où a été construit le château de Tarascon d'où elle guettait les voyageurs passant le Rhône pour s'en repaître, semant la terreur dans tout Tarascon.

LA SARDINE QUI BOUCHA LE PORT DE MARSEILLE

Cette sardine était si grosse qu'elle avait bloqué l'entrée du Vieux-Port ! Une légende marseillaise qui se transmet de génération en génération depuis le XVIIIe siècle… et qui symbolise la propension à exagérer des Marseillais ! Tout commence en 1779. Des prisonniers français capturés dans la province de Pondichéry en Inde, alors sous domination anglaise, sont libérés en échange d'accords passés avec les Anglais. Ils embarquent à bord de la frégate Sartine avec un « t », non pas « d », en référence au ministre de la Marine Antoine de Sartine. Alors que le *Sartine* arrive au niveau du détroit de Gibraltar, en mai 1780, un navire britannique l'intercepte suite à un malentendu, ouvre le feu tuant son capitaine et deux hommes d'équipage. Le *Sartine* peut finalement repartir vers Marseille, mais sans capitaine. À l'entrée du port, une erreur de navigation envoya la frégate sur les rochers avant qu'elle ne coule dans le chenal qui marquait l'entrée du Vieux-Port. Le *Sartine* était tellement grand et ses mâts tellement hauts, que l'accès du port en fut momentanément paralysé. Les bateaux marseillais ne pouvaient ni entrer ni sortir. L'histoire fit grand bruit, fut déformée, amplifiée et enjolivée. On changea le nom de la frégate *Sartine* en Sardine. L'histoire était drôle, la légende était née…

L'ARRIVÉE DES CIGALES EN PROVENCE

On dit que c'est le Bon Dieu qui trouvait les Provençaux un peu fainéants, leur envoya les cigales et leur chant sonore pour les empêcher de faire la sieste. Peut-être ?

Toujours est-il que les cigales n'empêchent plus depuis longtemps les Provençaux de faire la sieste. Le fond sonore ne gêne personne, au contraire !

Vierge noire des Saintes-Maries-de-la-Mer.

LA VIERGE NOIRE DES SAINTES-MARIES-DE-LA-MER

Tous les ans, au mois de mai, les gens du voyage se rassemblent pour célébrer Sara la Noire, patronne des Gitans. Qui est-elle ? Tantôt, on raconte qu'elle était une servante des saintes Maries, tantôt une Gitane qui accueillait les personnes exilées.

Sainte vénérée par la communauté des Gitans aux Saintes-Maries-de-la-Mer en Camargue, elle a sa statue dans l'Église des Saintes-Maries-de-la-Mer, habillée de robes multicolores et de bijoux. Une légende camarguaise la voit comme la servante des saintes Marie-Jacobé et Marie-Salomé en Palestine qui avaient suivi les bords du Rhône jusqu'à son delta. Selon une autre hypothèse Sara était une Gitane installée sur les rives provençales pour y accueillir les exilés de Terre sainte.

D'après les Gitans, lorsque le roi René demanda l'exhumation des ossements des deux saintes Maries – un troisième squelette fut trouvé qu'ils attribuèrent à Sara la Kâli, Sara la Noire, leur protectrice. Dès lors, les Gitans décidèrent de venir aux Saintes pour la vénérer. Le marquis de Baroncelli – père des traditions camarguaises – s'attacha à l'institution de ce pèlerinage. Sara la Noire est célébrée chaque 24 mai.

QUELQUES RECETTES PROVENÇALES

LA GARDIANNE *de taureau*

C'est un plat emblématique de la Camargue, autour duquel se retrouvent les familles et les gardians pour un moment de partage savoureux et de convivialité.

INGRÉDIENTS POUR 4 PERSONNES

- 1 kg de viande de taureau
- 300 g d'oignons émincés
- 1 gousse d'ail écrasée
- 2 feuilles de laurier
- 2 cuillères à café de thym
- 2 cuillères à café de mélange 4 épices
- 2 ou 3 clous de girofle
- quelques tronçons de peau d'orange bio séchée
- 2 cuillères à soupe de farine de riz de Camargue
- un bon vin rouge corsé des Côtes-du-Rhône
- sel, poivre
- et botte secrète de Françoise, femme de gardian : 2 carreaux de chocolat noir pour plus de liant et d'onctuosité.

PROCÉDURE

On fait chanter les oignons émincés dans l'huile d'olive à la cocotte, puis on met à dorer les morceaux de viande et on saupoudre de farine de riz, on couvre avec le vin, on ajoute les aromates, on laisse quelques minutes à découvert pour que les vapeurs d'alcool s'échappent, puis on met à mijoter tranquillement à couvert pendant au moins 2 h 30, mais plus longtemps c'est encore mieux.

On peut rajouter des olives noires en fin de cuisson. On sert avec du riz de Camargue.

© LAURE F - STOCK.ADOBE.COM

POULET EN COCOTTE *cuit au foin de Crau*

© MOULIN DE LA LEVADE

Si le précieux foin de Crau nourrit quelques chevaux de course des émirats arabes, il inspire aussi les chefs. En 1986, Alain Passard prend la direction du piano de L'Arpège, à Paris où il imagine son fameux poulet au foin. D'autres chefs proposent de petites brioches au foie gras et à l'anguille, fumées au foin, Marc Veyrat fait son glacé au foin, Cyril Lignac l'agneau de Lozère à la peau caramélisée et au foin de Crau… Cette cuisine au foin donne aux plats un goût fumé aux saveurs végétales.

INGRÉDIENTS POUR 6 PERSONNES

- 1 gros poulet fermier Bio
- foin de Crau
- farine
- eau
- beurre
- sel, poivre, thym

1 • Nettoyer le poulet et l'essuyer, saler et poivrer extérieur et intérieur, saupoudrer de thym.

2 • Préparer un appareil à luter pour votre cocotte en mélangeant eau et farine pour obtenir une pâte homogène et assez épaisse pour bien adhérer autour de la cocotte afin de la fermer hermétiquement.

3 • Disposer un épais lit de foin au fond et sur les bords de votre cocotte en fonte et placer le poulet au centre.

4 • Couvrir votre cocotte et déposer un boudin de pâte tout autour du couvercle pour faire un joint extérieur hermétique entre couvercle et cocotte.

5 • Enfourner dans un four préchauffé à 190 °C durant 1 h 30 à 2 h.

6 • Sortir du four et laisser la viande reposer pendant une quarantaine de minutes sans ouvrir le couvercle. Le foin va continuer à aromatiser la chair du poulet.

7 • Déposer la cocotte sur la table et casser le tour de pâte devant les convives. Cela fait partie du rituel… On peut masser le poulet avec du beurre salé avant de le découper. On sert avec une purée maison ou une ratatouille selon la saison.

Vous n'osez pas vous lancer dans une recette de cocotte lutée ? Vous pouvez tout simplement enrober un fromage de chèvre dans le foin de Crau pour un affinage subtil et une saveur délicieuse.

© NOAK/LEBARFLOREAL

REBECCA JAGUELIN ET THIERRY CROZA,

Toqués du cru

Dans le centre-ville de Salon-de-Provence, c'est toute une philosophie sous la toque des Toqués du cru ! « *À la base, nous sommes deux amateurs assidus de sport et à un âge où ce que l'on mange importe vraiment pour rester en forme. L'alimentation doit nous fournir de l'énergie et nous aider à lutter contre l'oxydation et pas le contraire. Alors nous avons mené des recherches, adopté une nouvelle façon de manger et décidé de partager cela dans notre restaurant.* » Originaire de Bretagne, Thierry Croza a migré dans le sud attiré par le soleil qui participe aussi à un bon moral. On ne s'étonnera pas de voir à sa carte quelques crêpes, mais revisitées à la farine de riz et à la farine de châtaigne, voire de pois chiche façon socca. Rebecca Jaguelin, elle, est sommelière de formation et leur association, dans la vie comme en cuisine, une réussite.

On mange sur place ou on emporte. Les pains pita sont cuits sur le barbecue de la terrasse. Dans vos verres : un jus de légumes crus, une infusion pétillante, un vin du mont Ventoux en biodynamie, une bière de microbrasserie, du kéfir, du kombucha… Dans vos assiettes : des soupes, des salades, des raw-pizzas, des makis-no-riz, le Toqués Bowl, des wraps… Le tout maison et composé selon les paniers hebdomadaires des maraîchers essentiellement bio et de la plaine de Crau. Mais raw-food, crudivorisme ou cuisine vivante, qu'importe la dénomination, le principe est le même : limiter la chauffe des ingrédients à 42 °C, température au-delà de laquelle la majorité de leurs vitamines et autres enzymes sont détruits ou altérés. Vous voulez vous initier ? Les Toqués proposent des ateliers Cru-sine.

CHAUD-FROID DE MELON *à l'anis*

Fondée en 1987, la Confrérie des Chevaliers de l'Ordre du Melon de Cavaillon défend cette cucurbitacée, symbole de toute une région. La confrérie partage cette recette imaginée par le chef vauclusien Christian Brunet.

INGRÉDIENTS POUR 8 PERSONNES

- 2 melons
- 50 g d'anis vert moulu
- 8 feuilles de brick
- 2 bulbes de fenouil
- 10 cl d'huile d'olive
- 5 cl de jus de citron

PROCÉDURE

Peler à vif un melon et l'épépiner, en tailler 8 parts, saupoudrer sur toutes les faces d'anis moulu, réserver au frais pendant minimum 2 heures. Couper en deux le second melon, l'épépiner et y façonner des boules à la cuillère. Râper le fenouil, l'arroser de citron et l'assaisonner. Réaliser des aumônières avec les feuilles de brick et les quartiers de melon. Finir la salade de fenouil avec l'huile d'olive et les billes de melon. Enfourner à four chaud les croustillants, sortir lorsque la feuille de brick est colorée. Dresser aussitôt sur la salade de fenouil.

QUELQUES RÉJOUISSANCES

Les travaux des champs, les traditions taurines, les fêtes religieuses et les saisons donnent l'occasion de rassemblements populaires dans les villes et les villages de Provence.

ABRIVADO

C'est traditionnellement la conduite sous la surveillance de gardians des taureaux des pâturages aux arènes où ils devaient participer à des courses. De nos jours, l'abrivado simule ces transferts de taureaux en les lâchant dans les rues fermées d'une ville ou d'un village. Les taureaux étaient encadrés par une dizaine de cavaliers disposés en V. Lors des traversées de villages, il arrivait souvent que les jeunes villageois tentent de faire échapper les bêtes, pour s'en amuser. Afin de limiter les risques de voir leurs taureaux leur échapper, les gardians leur faisaient donc traverser le village au galop. De nos jours les abrivados sont organisés lors des fêtes locales de nombreux villages et villes des Bouches-du-Rhône et du Vaucluse. Les rues sont barrées par des barrières afin d'empêcher les taureaux de s'échapper. Les gardians empêchent les *attrapaïres* (« attrapeurs » en provençal, figurant les jeunes villageois d'antan) de faire échapper le taureau ; les *attrapaïres* rivalisent d'adresse et de témérité. Il est même organisé des concours d'abrivado, plusieurs éleveurs y participent et sont jugés sur le nombre de taureaux qu'ils ramènent au bercail.

FÊTE DE LA TRANSHUMANCE

Chaque année, au printemps, en Provence, on fête le départ des moutons pour les alpages. Dans les rues de Salon-de-Provence, vous pourrez admirer le défilé d'un troupeau d'environ 1 000 brebis, chèvres du Rove et ânes de Provence. Groupes folkloriques, jeux en bois, dégustation de produits locaux… Saint-Rémy-de-Provence et Saint-Martin-de-Crau, notamment, ont aussi leurs fêtes de la transhumance.

PRÉMICES DU RIZ

Elles se déroulent en Camargue pendant la moisson, mi-septembre. Placées sous la présidence d'honneur de l'Ambassadrice du Riz, elles rendent hommage au travail des riziculteurs, à la terre provençale et à ses traditions. Portée par une barque latine qui remonte le Rhône, l'ambassadrice nouvellement élue chaque année arrive sur les quais où l'accueille la Reine d'Arles et ses demoiselles d'honneur et les autorités. Sur le parvis de l'église se déroulent la présentation de la gerbe des prémices à la confrérie du riz et la bénédiction du riz nouveau.

Abrivado.

© FOVIVAFOTO - STOCK.ADOBE.COM.

FÊTES CALENDALES

En Provence, la fête de Noël commence le 4 décembre, jour de la Sainte-Barbe et se termine le 2 février, jour de la Chandeleur. C'est la plus belle fête de l'année. On fait la crèche, on décore le sapin, on prépare le gros souper et les 13 desserts… Sainte Barbe est une martyre catholique du XIVe siècle à laquelle on attribue le pouvoir de protéger de la mort violente. C'est la patronne de nombreux corps de métier dangereux, les canonniers, les chaudronniers, les pompiers… Le 4 décembre, dans chaque famille, on sème des grains de blé dans trois petites coupelles, symbole de fécondité, de fertilité et de fraternité, tapissées de coton imbibé d'eau. Lorsque le blé aura atteint une belle taille, on l'entoure d'un joli ruban jaune et rouge aux couleurs de la Provence. Il sera déposé sur la table du gros souper. Les pointes germées seront coupées et déposées en offrande au pied de l'Enfant Jésus. On dit en Provence que « *Quand lou blad vèn bèn, tout vèn bèn* », « Quand le blé va bien, tout vient ». Si le blé a bien germé, l'année à venir sera pleine de bonheur.

LOU GROS SOUPA ET LES 13 DESSERTS

Le 24 décembre au soir, avant de se rendre à l'église pour célébrer la naissance du Christ, le gros souper ouvre la nuit de Noël. Il est composé essentiellement de plats maigres : céleri à l'anchoïade, tian de morue aux épinards, cardes en sauce, escargots… De retour de la messe de minuit, après le repas, on sert les treize desserts. Seul le nombre est impératif. Les 13 desserts symbolisent le Christ et les douze apôtres. Leur composition varie d'une famille à l'autre. On trouve généralement sur la table des 13 desserts, des fruits secs (figues, raisins, amandes et noix) et des fruits frais (mandarines, oranges, poires, raisin blanc), du nougat blanc et du nougat noir, de la pompe à huile, des oreillettes, des calissons, de la pâte de coing, des dattes, des fruits confits…

JANVIER

Oursinades de Sausset-les-Pins.

Fête de la Tripette à Barjols.

© DANIEL VINCEK - STOCK.ADOBE.COM

FÉVRIER

Corso fleuri de Bormes-les-Mimosas.

Oursinades de Carry-le-Rouet.

© ONLY FABRIZIO - STOCK.ADOBE.COM

MARS

V'là Carnaval de Martigues.

AVRIL

Drôle de Carnaval d'Arles.

Printemps des potiers à Bandol.

Les Bravades de Fréjus

Fête de l'asperge à Mormoiron.

Fête des fraises à Carpentras.

© CHRISTIAN JUNG - STOCK.ADOBE.COM

MAI

L'Abbaye en Roses (Simiane-la-Rotonde).

Les Voiles d'Antibes.

Pèlerinage des Gitans aux Saintes-Maries-de-la-Mer.

La Bravade de Saint-Tropez.

© TATYANA SIDYUKOVA - STOCK.ADOBE.COM

JUIN

Fête de la Transhumance à Saint-Rémy-de-Provence.

Fête de la Transhumance à Castellane.

Les Fêtes d'Arles.

Fêtes de la Tarasque à Tarascon.

JUILLET

Festival d'Avignon.

Fête de la lavande à Valensole.

Les nuits de la citadelle de Sisteron.

Rencontres de la photographie d'Arles.

Jazz à Porquerolles

Festival d'Aix-en-Provence

© NITO - STOCK.ADOBE.COM

Les grands ÉVÉNEMENTS

La Provence est une terre connue pour ses fêtes et son ambiance bon vivante. À n'importe quel moment de l'année des festivals, des carnavals, des oursinades ou des foires sont organisés en l'honneur du terroir. Faire la fête est l'un des meilleurs moyens de découvrir ce territoire riche en couleurs !

AOÛT

Festival de Ramatuelle.

Marché flottant de l'Isle-sur-la-Sorgue.

Foire aux agnelles et béliers de Saint-Christol-d'Albion.

Nuit des pêcheurs à Toulon.

Ban des vendanges à Avignon.

© MARTIN BERGSMA - STOCK.ADOBE.COM

SEPTEMBRE

Festival Ventoux Saveurs de Carpentras.

Foire de Marseille.

Vendanges étoilées de Cassis.

Foire à la saucisse au Val.

Foire au vélo d'occasion à Cadenet.

NERTHUZ - STOCK.ADOBE.COM

OCTOBRE

Les voiles de Saint-Tropez.

Fête de la châtaigne à la Garde Freinet.

Fêtes de la châtaigne de Collobrières et du massif des Maures.

Rencontres gourmandes de Vaison-la-Romaine.

© SEA AND SUN - STOCK.ADOBE.COM

NOVEMBRE

Marché aux truffes de Richerenches (samedi jusqu'à mi-mars).

Marché aux truffes d'hiver de Carpentras (le vendredi jusqu'à mi-mars).

Fête des bergers et des traditions (Istres).

© VITALINA RYBAKOVA - STOCK.ADOBE.COM

DÉCEMBRE

Fête de l'huile de la vallée des Baux à Mouriès.

Fête de l'huile d'olive d'Aix-en-Provence.

Foire aux santons d'Arles.

Foire aux santons de Marseille.

Marché du gros souper et les 13 desserts à Aix-en-Provence et Saint-Rémy.

© FOTOGIUNTA - SHUTTERSTOCK.COM

Les PARCOURS

Montagne Sainte-Victoire.
© PHILIPPE LERIDON - STOCK.ADOBE.COM

De Marseille à Digne-les-Bains, la Provence est un vaste territoire à découvrir. Nous y avons sillonné les plus beaux chemins de randonnée et pris les plus beaux trains pour vous offrir des parcours inédits et respectueux de l'environnement.

Faites une pause les pieds dans l'eau dans le Parc national des Calanques, laissez-vous conter des anecdotes de stars et de tournages à Saint-Tropez, mangez un dessert au mimosa au Lavandou, buvez un verre de vin sur la montagne Sainte-Victoire ; il y a de nombreuses attractions à essayer tout au long de l'année !

Que vous préfériez les longues balades sur le littoral, pédaler au milieu du Verdon ou encore les escapades shopping dans le centre-ville d'Avignon, chacun y trouvera son compte !

Le tour du LUBERON à vélo

L'ITINÉRAIRE EST BIEN RODÉ. LE TOUR DU LUBERON À VÉLO FUT LA PREMIÈRE ITINÉRANCE CYCLISTE BALISÉE ET ORGANISÉE EN FRANCE ET RESTE À CE JOUR UNE RÉFÉRENCE ET UN EXEMPLE LARGEMENT SUIVI AU-DELÀ MÊME DE NOS FRONTIÈRES.

CELLE-CI CONCERNE UN TERRITOIRE EXCEPTIONNEL ET PRÉSERVÉ, OBJET D'UN PARC NATUREL RÉGIONAL, RECONNU PAR L'UNESCO RÉSERVE MONDIALE DE BIOSPHÈRE ET GÉOPARC MONDIAL. LES PAYSAGES DU PARC DU LUBERON SONT SOMPTUEUX. CARRIÈRES D'OCRE, FALAISES CALCAIRES, VIGNOBLES, CHÊNES ET GARRIGUE, MOUTONNEMENT DE COLLINES ET CHAMPS DE LAVANDE, VILLAGES PROVENÇAUX SUR LEURS CRÊTES COMPOSENT UN DÉCOR ENCHANTEUR. SITE EMBLÉMATIQUE DE LA PROVENCE, TERRE DE NATURE ET DE GOURMANDISE, LE LUBERON INVITE AU BONHEUR DE VIVRE. VOYAGER À VÉLO VOUS PERMET DE DÉCOUVRIR SES PAYSAGES, SES BONNES TABLES, SES PRODUCTEURS ET SES SITES TOURISTIQUES, À VOTRE RYTHME ET LIBREMENT. TELLE EST LA PROMESSE ET LE PLAISIR DU VOYAGE À VÉLO. TENTANT !

COMMUNES TRAVERSÉES :

CAVAILLON, ROBION, OPPÈDE-LE-VIEUX, APT, CÉRESTE, SAINT-MICHEL-L'OBSERVATOIRE, FORCALQUIER, VOLX, MANOSQUE, LA BASTIDE DES JOURDANS, CUCURON, LOURMARIN, LAURIS, MÉRINDOL, CAVAILLON.

Pour l'anecdote et la plaisanterie, posons en préalable la question de la prononciation. Une question importante. Votre façon de prononcer fera la différence, le premier pas de votre intégration locale. Les locaux prononcent Lubeuron. Les Parisiens et de nombreux autres Lubéron, comme indiqué dans les dictionnaires. En provençal c'est Loubéroun. Pour la fédération des Parcs naturels régionaux, c'est Luberon. Alors, optez plutôt pour Luberon, même si vous n'avez pas l'accent ! Vous allez voir, on s'y habitue assez vite… Le Luberon est sorti de l'ombre dans les années 1970-80 pour devenir l'un des fiefs des néo-ruraux chics. Dans le même temps était créé le Parc naturel régional du Luberon autour d'un projet de développement harmonieux du territoire.

UN QUART DE SIÈCLE DE VÉLO DANS LE LUBERON

Depuis 1977 ce Parc s'attache à protéger le territoire et dynamiser ses patrimoines naturel, culturel et paysager. Il regroupe 77 communes et s'étire sur 75 km de long et de 43 km de large autour du massif du même nom. Au long de votre parcours, repérez les produits et services marqués Valeurs Parc naturel régional du Luberon, respectueux de l'environnement, porteurs de l'authenticité du terroir et élaborés dans le respect de l'environnement. Sur votre route, vous allez croiser le melon de cavaillon (en saison), la truffe, les vins AOP Luberon, l'huile d'olive de Provence, les fruits confits d'Apt…

© NOAK/LEBARFLOREAL

SYLVIE PALPANT

100% vélo, 100% nature

Directrice de Vélo Loisir Provence depuis 2006, structure qu'elle a intégrée dès sa fondation en 1996, Sylvie Palpant a passé plus d'heures sur la selle de son vélo que dans un bureau. Enfant déjà, elle avait décidé d'aller à vélo au collège de L'Isle-sur-la-Sorgue où elle était scolarisée, à 10 km de sa maison, une fois par semaine. Elle devait monter son vélo dans le couloir du proviseur car il n'y avait alors aucune structure pour le parquer. En 1995, Sylvie Palpant réalise son mémoire de master sur le développement du vélo-tourisme dans le Parc naturel régional du Luberon. « *Ce fut le premier territoire en France à baliser une itinérance en vélo. Mais il restait à faire connaître l'itinéraire et organiser son animation, impliquer hébergeurs, restaurateurs, loueurs…* » Cette démarche donna naissance au label Accueil vélo et à l'association Vélo Loisir Luberon, devenue depuis Vélo Loisir Provence, forte de 13 salariés et regroupant 180 professionnels de la filière tourisme. Son expertise est reconnue dans toute la France. « *On a fait appel à nous pour la Loire à vélo, nous sommes coordinateurs sur l'EV8, la véloroute de la Méditerranée. Nous sommes référents pour les tracés et le balisage, mais aussi la formation des professionnels de la filière touristique. Ce n'est pas le vélo sportif qui m'intéresse, mais le vélo plaisir et le développement du vélo au quotidien.* » Et que fait Sylvie Palpant en vacances ? Elle part en itinérance à vélo : « *Pendant 10 ans nous sommes partis en famille avec nos quatre filles, en France et en Europe. Et j'ai fait une demi-douzaine de fois le tour du Luberon !* »

→ www.veloloisirprovence.com

Parcours
TOUR DU LUBERON À VÉLO

Perle provençale

Charmant village, Robion est doté d'une belle église romane Notre-Dame-de-la-Nativité du XIIe siècle, et d'un théâtre de verdure en plein air, point de départ de randonnées.

L'ancien village

La modernité a eu raison de ce magnifique endroit et dès le XIXe, les habitants quittent les hauteurs et s'installent dans les plaines. D'où cette double nomination : Oppède et Oppède-le-Vieux.

Du goût et de la couleur

Reconnue « Capitale Mondiale du Fruit Confit », et labellisée Site Remarquable du Goût, la ville organise un grand marché provençal classé « Marché d'exception », depuis le XVIe siècle.

Chapeau, melon !

Porte du Parc naturel régional du Luberon, la ville est entourée d'une plaine agricole où pousse le fameux melon. Ne manquez pas la grande fête qui le célèbre chaque année en juillet.

Témoin du passé

Théâtre de la répression des Vaudois, minorité religieuse venue s'y installer au XVIe, le village est resté le gardien de la mémoire de cet évènement, avec des noms de rue qui y font référence.

Le village perché

Sur son éperon rocheux, Lauris abrite de belles demeures des XVIe et XVIIe siècles, des lavoirs, le campanile en fer forgé de l'église, des fontaines, des oratoires au pied du château...

Terre de culture

On flâne dans ses ruelles étroites, bordées de belles maisons anciennes et d'hôtels particuliers, on se pose sur une placette ombragée, on apprécie les nombreuses galeries et ateliers d'art.

Des étoiles dans les yeux

Haut lieu de l'astronomie, la ville abrite l'Observatoire astronomique de Haute-Provence, l'un des plus importants d'Europe. Prenez le temps de découvrir la beauté de ce ciel étoilé.

Village authentique

Joli village entouré d'une nature verdoyante et de douces collines (au nord, les monts de Vaucluse, au sud, la chaîne du Luberon). Non loin, vous trouverez des vestiges troglodytiques.

Cité des quatre reines

La ville domine le paysage. Ses principaux édifices historiques sont la cathédrale Notre-Dame du Bourget, le couvent des Cordeliers et la chapelle Notre-Dame de Provence.

Tout en relief

Au bord de la Durance, ce village est dominé par le château Saint-Clément du XIIe siècle. Aux alentours, des voies d'escalade sont présentes, certaines parmi les plus dures de France.

Dans les pas de Giono

Bordée à l'est par le plateau de Valensole, et à l'ouest par le Petit Luberon, cette ville est, pour tous les Provençaux, le pays de l'écrivain Jean Giono, qui y a vu le jour en 1895.

Entre Basse et Haute Provence

Dominé par les vestiges d'un château du XIIIe siècle, le village est le point de départ des routes pour aller à Sisteron ou dans la vallée de la Durance.

Au cœur du Luberon

Posez-vous au bord de son bassin, déambulez dans ses ruelles bordées de belles façades de maisons des XVIIe et XVIIIe siècles, admirez le coucher du soleil depuis le donjon Saint-Michel.

Repérez également des adresses affichant le label Accueil vélo. Avec ces deux griffes, vous n'aurez aucune difficulté à composer un circuit à vélo bien adapté à votre souhait d'une découverte du Luberon au naturel.

On doit à l'association Vélo Loisir Provence – originairement Vélo Loisir Luberon – le développement important de l'offre autour du vélo sur ce territoire, le balisage de nombreux itinéraires sur la route ou sur les sentiers, tracés pour offrir une variété de niveaux et pour relier des sites majeurs.

Cette association fondée en 1996 est à l'initiative de l'itinérance à vélo avec un premier parcours autour du Luberon. Aujourd'hui, elle regroupe plus de 200 professionnels du tourisme, engagés depuis 25 ans à accueillir les randonneurs à vélo. C'est aussi une équipe d'animateurs à votre écoute pour faciliter l'organisation de votre séjour. Elle est soucieuse de développer les déplacements à vélo dans les Parcs naturels régionaux du Luberon, mais aussi du Verdon dont elle vient de développer l'itinérance cycliste sur un circuit inauguré en 2023.

Nous vous proposons de suivre l'itinéraire V863 - Autour du Luberon à vélo. Prévoyez une semaine pour boucler ses 240 km, ajoutez un ou deux jours de plus pour le circuit des ocres, un crochet lumineux par Roussillon et Gargas, village ocrier aux carrières jaune d'or. Le V863 relie les plus beaux sites du Luberon et vous permet de profiter des différents paysages et ambiances qui composent ce territoire. Vous aurez aussi tout le loisir de choisir une variante plus courte, si vous préférez approfondir la découverte de telle ou telle micro-région, de très nombreux itinéraires cyclistes sont balisés à travers ce territoire. Et sur votre route vous trouverez tout ce qu'il faut pour le confort des cyclistes. Organisez votre voyage en fonction de votre niveau en sachant que les familles parcourent entre 20 à 50 km par jour, les habitués de l'itinérance cycliste autour de 60-80 km par jour, alors que les plus sportifs avalent jusqu'à 120 km par jour, pédalant à plus de 25 km/h !

Cathédrale médiévale de Cavaillon.

© PANOSUD360 - STOCK.ADOBE.COM.

DÉPART DE CAVAILLON, CITÉ DU MELON

Partez tranquille, sur votre chemin vous croisez une vingtaine de loueurs et réparateurs de vélos. Et si la boucle n'est pas votre projet, les loueurs proposent une formule - Louez votre vélo ici, laissez-le ailleurs. Les transports en commun compléteront votre itinérance. Vous pouvez aussi profiter des services de portage de bagages ou d'accompagnage d'un guide. Plus de confort, mais moins d'aventure !

Votre point de départ est Cavaillon. Aux portes des Alpilles, cette petite ville, à la croisée des chemins du Vaucluse et des Bouches-du-Rhône, porte le nom d'un melon, à moins que ce ne soit le contraire... Les grimpeurs apprécient sa Via Ferrata accessible à pied depuis le centre-ville, tout comme son site d'escalade avec 250 voies d'escalade, les randonneurs ses sentiers de randonnée. Le centre historique, au pied de la colline Saint-Jacques, évoque son histoire : arc romain, cathédrale médiévale, synagogue, Belle Époque... Vous trouverez sans mal à vous équiper et choisir un vélo adapté auprès de loueurs aux conseils avertis.

© NOAK/LEBARFLOREAL

JEAN-YVES MÉGNEN,

jardinier et cycliste

Lorsqu'il a découvert l'ancienne abbaye cistercienne de Valsaintes, perdue dans la montagne à quelques kilomètres du village médiéval de Simiane-la-Rotonde, l'église était en bien mauvais état et les ronces avaient envahi l'environnement sur plusieurs mètres de hauteur. C'était en 1996. Un chantier titanesque était à faire. Ils se sont associés à 6 pour se porter acquéreurs, vivre au bout du monde, restaurer le site et le faire vivre.

Un défi relevé en 4 ans. Jean-Yves Meignen, horticulteur de formation, a pu dès lors se lancer dans une activité de pépiniériste paysagiste et implanter une roseraie qui fit connaître l'abbaye. Chambres d'hôtes, visite des jardins, Valsaintes sortait de l'ombre !

Aujourd'hui, un restaurant réputé s'est ajouté et les jardins en terrasse dans leurs murets de pierre sèche s'embellissent chaque année.

Jean-Yves Mégnen a développé un jardin sec sans arrosage avec 300 plantes adaptées à la sécheresse, un potager en permaculture avec un potager d'hiver et un potager d'été fort de 50 légumes adaptés aux conditions extrêmes. Aux visites du jardin s'ajoutent des stages d'initiation à la permaculture, au jardin sec ou à la culture des roses.

La seconde passion de Jean-Yves Meignen c'est le vélo : « *Je cumule 7 000 km par an et 120 000 m de dénivelé positif. Je roule en semaine ou le soir, seul, une ou deux fois par semaine. Jeune, j'étais compétiteur. Aujourd'hui je suis cyclo-sportif. J'aime pédaler sur le mont Ventoux, la montagne de Lure, dans la vallée du Jabron. Ce qu'il y a de formidable ici, c'est que l'on passe de la Provence aux Alpes en pédalant et d'un paysage à l'autre tout le temps.* »

D'ailleurs, l'abbaye de Valsaintes qui affiche le label Accueil vélo est appréciée des cyclistes de passage.

Venez un week-end pour profiter du marché du lundi matin avant d'entamer votre périple. Ici tout est ouvert le lundi ! Début de votre itinéraire cycliste autour du Luberon alias V 863, balisé dans les deux sens, direction Maubec.

Bienvenue en Provence ! Le parcours vous emmène à travers villages perchés, bories et châteaux, de fontaines en chapelles, de falaises en garrigue, de gorges en forêts, dans l'odeur des cèdres ou de la lavande, avec en point de mire le jaune des carrières d'ocre ou le Moure Nègre (1 125 m), sommet du Luberon… Vous roulez sur de petites routes choisies pour la beauté des sites et des villages qui vous accueillent aux étapes. Ces routes sont généralement peu fréquentées, mais parfois à partager. Le relief compte quelques pentes pas très douces sur lesquelles vous serez bien content d'avoir opté pour l'assistance électrique. La totalité du parcours cumule tout de même 2 600 m de dénivelé positif (mais autant en négatif !). Sinon nulle honte à poser le pied à terre. L'occasion de profiter encore mieux du paysage pour arriver à des points de vue panoramiques vraiment mérités !

Nous ne détaillerons pas ici tous les villages que vous allez traverser ni toutes vos étapes. Voici toutefois quelques perles choisies sur votre trajet.

Le premier village que vous croisez est Robion, village provençal par excellence avec sa place de l'église, sa fontaine, sa montagne, ses platanes et… ses joueurs de pétanque. Ce n'est que le premier d'un chapelet sur votre chemin. Frédéric Mistral disait que Robion était la clé du Luberon. C'est ici qu'est installée l'association Le Luberon à vélo. Plus loin, c'est le village médiéval d'Oppède-le-Vieux, perché sur son éperon rocheux, cerné de forêts escarpées. Un site hors du temps dominé par le château et la collégiale auquel on accède depuis le parking obligatoire des Jardins de Sainte-Cécile, conservatoire de 80 espèces d'arbres, arbustes et plantes du Luberon. Puis, d'autres villages. Lacoste, vue sur le Luberon et le mont Ventoux, avec son château, sa forêt de cèdres, son musée de la mode et du film, son école des arts, de design…

Bonnieux perché sur le versant nord du Petit Luberon, face à Lacoste, particulièrement chaleureux. Le vendredi matin, jour de marché, vous y découvrirez la crèche fabuleuse de Vincent Gils, reconstitution de la vie provençale au XIXe siècle avec 30 santons vêtus des costumes provençaux traditionnels.

APT ET ÉCHAPPÉE VERS LES OCRES

Vous allez adorer Apt, escale gourmande, qui s'affiche comme capitale du Luberon et capitale mondiale du fruit confit. Au nombre des Sites remarquables du goût, cette agréable cité est réputée pour la qualité des produits de son terroir. Venez le samedi matin pour son marché d'exception. Rafraîchissez-vous à ses fontaines et sur les terrasses de ses places ombragées. Le pays d'Apt offre en toile de fond les couleurs d'un décor de charme, d'un côté le Luberon vert amande et bleu lavande et de l'autre les Monts de Vaucluse aux collines teintées d'ocre. Profiter d'une étape à Apt pour prendre la route du circuit des Ocres à vélo, une boucle de 51 km et 530 m de dénivelé. Prévoir 4 h 50 sur le vélo, donc une petite journée avec pique-nique. Vous croisez Villars, Rustel, Gargas et Roussillon avant de revenir à Apt sur ce parcours qui emprunte de petites routes à proximité des sites ocriers. La lumière fait rayonner les gisements d'ocre de Vaucluse, sites naturels exceptionnels. À Gargas la carrière est toujours en exploitation. Si vous avez un projet de ravalement de façade à la chaux, c'est le moment de faire provision de pigments naturels ! Les liaisons permettent de réduire l'itinéraire à une petite boucle de 15 km.

ALPES-DE-HAUTE-PROVENCE, LA PROVENCE DE GIONO

Après Apt, vous allez quitter le Vaucluse pour entrer dans les Alpes de Haute-Provence. Le premier village que vous y traversez est Céreste, beau village provençal cerclé d'un complexe médiéval abritant le Prieuré de Carluc.

DES PARCOURS *pour le vélo Gravel*

Le Parc naturel régional du Luberon se prête au gravel avec de nombreux itinéraires adaptés. L'occasion de tester. Mais qu'est-ce que le gravel ? Le terme désigne à la fois une pratique cycliste et le type de vélo (gravel bike) utilisé pour cette discipline. À mi-chemin entre le vélo de route et le VTT, la pratique du Gravel mélange des passages sur route avec des passages sur des sentiers, des chemins et des pistes. Vous pouvez aller (presque) partout en gravel, vélo polyvalent, léger et confortable adapté à l'itinérance avec de nombreux points de fixation pour les sacoches. À la fois c'est aussi une nouvelle mode et un nouvel objet de consommation… Ses particularités ? Un guidon plus bas que celui d'un VTT, une assise plus haute qu'un vélo de route pour une meilleure stabilité, des pneus plus larges, un freinage très performant, de roues en tubeless, sans chambre à air donc. Un souci en moins ! Vous roulez l'esprit tranquille ! Dans le Luberon, une vingtaine de parcours de 20 à 90 km sont balisés pour le gravel.

ITINÉRAIRE

- **240 km à parcourir**
- **Durée cumulée de pédalage :** 24h
- **Séjour préconisé :** 7 jours
- **Dénivelé positif :** 2 620 m
- **Dénivelé négatif :** 2 630 m
- **Point culminant de votre itinéraire :** 782 m d'altitude

D'ici part le Challenge de Lure, itinéraire de 18 km pour les cyclotouristes sportifs qui relèvent le défi sur l'application Strava 18 km. Si vous n'êtes pas de ces sportifs-là et que vous avez une assistance électrique, vous ne serez pas déçu en faisant un crochet sur cet itinéraire qui mène à Simiane-la-Rotonde, l'un des plus beaux villages de France, qui vaut vraiment le coup d'œil. Ce village perché médiéval avec son château est une apparition ! Maintenant que vous êtes ici, continuez à grimper jusqu'au fabuleux Jardin de l'Abbaye de Valsaintes (chambres d'hôte, restaurant, accueil vélo). Puis c'est la redescente sur Saint-Michel-l'Observatoire, l'un des joyaux de votre parcours haut-alpin (beaucoup de touristes !).

Ce village perché vous invite à faire escale sur l'une des sympathiques terrasses du centre-bourg. La clarté de son ciel a justifié l'installation sur cette commune, dès 1937, de l'Observatoire de Haute-Provence, qui lui a donné son nom, observatoire astronomique et monument historique. Vous apprécierez Forcalquier et sa citadelle où lorsque sonne le carillon de Notre-Dame-de-Provence, le dimanche à 11h30, vous êtes plongé dans un autre temps. Ici vous êtes dans la Provence de Jean Giono (1895-1970) né et mort à Manosque qui fait figure de « grande ville » sur votre chemin, mais vous ouvre une Provence de champs de lavande, d'oliviers en terrasse, de thym et de roches.

© JUSTIN - STOCK.ADOBE.COM.

RETOUR DANS LE LUBERON SUD ET LE PAYS D'AIGUES

Puis c'est le retour vers le Vaucluse et le très chic bourg de Lourmarin perché sur sa colline avec ses trois clochers, son magnifique château et toujours la lavande, les vignes, les oliviers… Vous êtes au pays d'Aigues, pays fertile et riche en sources. Un grand jardin et un terroir de gastronomie où brillent encore quelques étoiles Michelin, de Cucuron à Cavaillon, en passant par Lauris. Vous croisez aussi de nombreuses adresses gourmandes plus abordables louchant sur la bistronomie.

Encore plus simple, à Lourmarin faites escale à la boulangerie de la maison du gibassier, pour une pause-café, un sandwich ou/et une pâtisserie. Testez la brioche à base d'huile d'olive ou bien sûr le Gibassier, biscuit sablé élaboré avec de… l'huile d'olive. Repartez avec quelques croquets de Lourmarin (amandes-miel-orange) à grignoter sur la route.

Là, votre deux-roues commence à sentir l'écurie ! Passé Mérindol, votre dernier village perché, qui contemple la plaine de la Durance jusqu'aux Alpilles, il ne vous que 20 km pour arriver à Cavaillon. Vous avez bouclé votre tour ! Vous vous êtes régalé à pédaler dans le Luberon ? Vous êtes désormais un cycliste itinérant aguerri. La prochaine fois, osez la nouveauté et allez dans le Verdon, moins couru et plus sauvage. 2023 a vu l'inauguration du Tour du Verdon à vélo, initié avec le Parc naturel régional du Luberon. Il s'agit, comme ce fut le cas pour le Luberon pour lequel cela fonctionne depuis de nombreuses années, d'aménager des parkings, des bornes de recharge pour les vélos à assistance électrique. Nouveauté bienvenue, le Verdon à vélo s'articule autour d'un réseau d'itinéraires adaptés à toutes les pratiques, sur routes et sur chemins. Il se compose d'un maillage d'itinéraires vélo et VTT balisés pour tous niveaux, qui vous emmèneront à la découverte d'un territoire remarquable tant par la variété de ses paysages que par la richesse de ses patrimoines. Ces circuits diversifiés, en itinérance ou à la journée, destinés à une pratique familiale comme sportive, sillonnent le plateau de Valensole, les collines du Haut-Var, les vallées de l'Artuby, les lacs de Sainte-Croix, d'Esparron et de Castillon, sans oublier les mondialement célèbres gorges du Verdon.

LES BONNES ADRESSES SUR LE PARCOURS

- **Gaëtan Dupin**
Un coach assez sportif.
84220 Cabrières d'Avignon
✆ 06 89 74 13 70
www.gaetandupin.com

- **Éric Patural (Electric Move)**
Balades à vélo et en VTT électrique à thème, d'une demi-journée à plusieurs jours.
84220 Le Coustellet
✆ 04 65 30 00 10
✆ 07 87 58 70 64

- **Stéphan Letartre (Cycling Around)**
Stéphan vous emmène visiter le vignoble, le Parc naturel...
84120 Pertuis
✆ 06 37 98 46 78

- **Gîte d'étape les Royères du Prieuré**
52 Chemin de la Combe Saint Pierre
84660 Maubec
✆ 04 90 76 50 34

- **Gîte d'étape La Roselière,**
Gîte d'étape et de séjour pour cyclistes.
15 chemin des Rousseaux
84360 Mérindol
✆ 07 50 06 00 56

- **Gîte d'étape communal de Céreste**
Au cœur du village, Place de la République,
04280 Céreste
✆ 06 38 38 77 74

- **Kookabara**
558 avenue de Cheval Blanc
84300 Cavaillon
✆ 04 32 70 20 69

- **La Maison du Gibassier**
Boulangerie Stéphane Riquier.
Avenue du 8 Mai 1945
84160 Lourmarin
✆ 04 90 68 00 94
(fermé le lundi)

- **Sur les marchés :**
le mardi matin toute l'année à Apt, le soir de mai à fin octobre à Lourmarin, le jeudi après-midi toute l'année à Forcalquier, le jeudi soir d'avril à septembre à Cavaillon et toute l'année à Lauris, le samedi à Pertuis.

- **La Pédale Douce**
Livraison dans le Luberon et les Alpilles.
46 Cr Sadi Carnot
84300 Cavaillon
✆ 09 51 31 09 44
www.lapedaledouce.fr

- **La Pédalerie**
669 Avenue Victor Hugo
84400 Apt
✆ 04 90 75 53 07
www.lapedalerie.fr/apt

- **Musée de Géologie de la Maison du Parc du Luberon**
60 place Jean-Jaurès,
84400 Apt
✆ 04 90 04 42 00

- **L'Occitane en Provence**
Visite de l'usine, du jardin et de la boutique-musée.
Chemin Saint-Maurice
04100 Manosque
✆ 04 92 70 32 08
www.visiteloccitane.com

- **La Thomassine**
Vergers et jardins conservatoires, maison de la biodiversité.
2298 Chemin de la Thomassine
04100 Manosque
✆ 04 92 87 74 40

Sur les traces de MARIE-MADELEINE

C'EST LE PLUS LONG PARCOURS QUE NOUS VOUS PROPOSONS DANS CE GUIDE. UN PÉRIPLE À EFFECTUER À PIED EN UNE DIZAINE DE JOURS, VOIRE PLUS EN PRENANT VOTRE TEMPS, MOINS EN PRENANT LE TRAIN…

EN SUIVANT LES TRACES DE MARIE-MADELEINE, DISCIPLE DE JÉSUS ET TÉMOIN DE SA RÉSURRECTION, VOUS AVEZ LE PRÉTEXTE D'UNE DÉCOUVERTE PROVENÇALE EN SUIVANT UN ITINÉRAIRE QUI DÉMARRE DES SAINTES-MARIES-DE-LA-MER, SUR LA CÔTE CAMARGUAISE, ET S'ACHÈVE À SAINT-MAXIMIN-LA-SAINTE-BAUME, AUX PORTES AU VAR. VOUS MARCHEZ D'UN PARC NATUREL À L'AUTRE, VOUS EMPRUNTEZ UN BAC, UN BUS ET ÉVENTUELLEMENT LE TRAIN DE LA CÔTE BLEUE.

COMMUNES TRAVERSÉES :

LES SAINTES-MARIES-DE-LA-MER LE SALIN-DE-GIRAUD, FOS-SUR-MER, MARTIGUES, CARRY-LE-ROUET, MARSEILLE L'ESTAQUE, MARSEILLE CENTRE-VILLE, MARSEILLE LA BARASSE, AUBAGNE, GÉMENOS, SAINT-MAXIMIN-LA-SAINTE-BAUME.

Cette randonnée pèlerinage de 222 km, récemment balisée et proposée en 10 étapes par la région Sud, croise des lieux et des sites majeurs de la chrétienté et les paysages exceptionnels traversés par sainte Marie-Madeleine, celle qui évangélisa Marseille, lors de sa prédication provençale. L'itinéraire relie deux parcs naturels régionaux remarquables, celui de la Camargue, zone humide du delta du Rhône, et celui du massif de la Sainte Baume, dans la Provence dite verte. En chemin vous longez la mer, profitez des embruns, de saveurs iodées et d'escales où vous ressourcer avant de vous immerger dans la garrigue, les pinèdes et les forêts de chênes. Vous avez de bonnes chaussures de marche, de l'eau, des fruits secs ? C'est parti !

DÉPART : SAINTES-MARIES-DE-LA-MER, CAPITALE DE LA CAMARGUE

Entre mer et marais, eau douce et eau salée, enlacé entre les deux bras du fleuve, ce village du delta du Rhône est le gardien des traditions camarguaises et de légendes chrétiennes. L'église romane fortifiée des Saintes-Maries-de-la-Mer est dédiée à Notre-Dame et aux deux saintes Maries. Selon la tradition orale, deux proches disciples de Jésus et de la Vierge Marie, Marie-Jacobé et Marie-Salomé, accompagnées de leur servante Sara, seraient arrivées en Camargue après avoir quitté la Palestine pour fuir les persécutions des chrétiens. Les deux amies parties à la dérive sur une simple barque, sans voile ni rames, auraient accosté sur le rivage des Saintes-Maries porteuses du message du Christ ressuscité. Un miracle ! Le message fut transmis dans toute la Provence puis dans le reste du pays par leurs compagnons de traversée : Marie-Madeleine, Trophime, Marthe, Lazare, Saturnin, et Maximin. Marie-Jacobé et Marie-Salomé, elles, créèrent l'une des premières communautés chrétiennes.

On raconte qu'à l'endroit où les saintes furent enterrées, jaillit une source. Une chapelle est édifiée pour leur culte au VIe siècle et c'est le début d'un intense pèlerinage. Aujourd'hui, ce rassemblement s'articule surtout autour du Pèlerinage des Gitans qui rendent hommage à leur sainte patronne, Sara la Noire. Une procession à la mer, avec la barque et les statues des deux saintes, a lieu les 24 et 25 mai. Durant une dizaine de jours, c'est la fête aux Saintes.

Aux Saintes on se régale de pâtes aux tellines, la version camarguaise des *linguini alle vongole* siciliennes. Les tellines de Camargue sont plus petites que les palourdes italiennes et, on vous dira, encore plus savoureuses... Véridique ! Il vous faudra aussi saluer la statue de Mireille, héroïne du poème de Frédéric Mistral *Mireìo* publié en 1859.

Église romane de Saintes-Maries-de-la-Mer.

Parcours
MARIE-MADELEINE

D'hier à nos jours

Port de tout premier ordre durant l'Antiquité, la ville mêle aujourd'hui tradition et modernisme. Les vieilles maisons voisinent avec les cheminées des usines, offrant un panorama étonnant.

Le charme de la Camargue

Les Saintes-Maries, c'est un rythme scandé par le pas des chevaux des gardians, le piétinement des taureaux sauvages et le ressac de la mer. C'est aussi le mythique pèlerinage des gitans.

Dépaysement garanti

Le salin de 10 800 ha abrite quelque 278 espèces végétales et 200 espèces d'oiseaux (dont 157 protégées). Deux types de visites du salin de Giraud sont possibles : à pied ou à vélo.

La Venise provençale

Au bord de l'étang de Berre, la petite ville porte comme un gant son surnom. Son quartier magique, le Miroir aux oiseaux, a inspiré les plus grands peintres comme Delacroix.

La Perle de la Côte Bleue

C'est l'une des stations balnéaires préférées des Marseillais. Son petit port, ses belles demeures, ses plages et les activités sportives proposées en font un lieu prisé.

Quartier-village

Situé au nord-ouest de Marseille, dans le 16e arrondissement, l'Estaque est un ancien village de pêcheurs. Au XIXe siècle, il a attiré de grands peintres comme Cézanne et Braque.

Ville natale de Pagnol

Dominée par le massif du Garlaban où les souvenirs d'enfance de Pagnol résonnent encore, sa vieille cité a gardé son charme d'antan avec ses rues piétonnes et ses anciennes portes d'accès.

Terre de traditions

Son principal attrait est sa magnifique basilique, édifiée selon la légende sur la crypte de sainte Marie-Madeleine, et considérée comme le plus grand édifice gothique de toute la Provence.

Capitale de la Provence

Plus ancienne ville de France, Marseille détient un patrimoine historique et humain sans pareil. Une culture propre, métissée, une mentalité méridionale des plus charmantes.

Charmante petite ville

Accrochée aux collines situées au bout du massif de la Sainte-Baume, Gémenos a de nombreux points d'intérêt, à l'image du parc du Fauge, idéal pour se promener ou le lavoir.

CHEMINER DANS LA CAMARGUE DES ÉTANGS

Vous suivez les pas de Sainte Marie-Madeleine, au cœur du Parc naturel régional de Camargue, entre étangs, marais et lagunes. Selon la saison, la chaleur vous tombe dessus, le vent souffle, les éléments naturels se rappellent à vous ! Ce sont eux qui font la loi ici. Gare aux inondations, au soleil de plomb et au froid mordant. En dehors des épisodes extrêmes restent tout de même de larges périodes où la météo est clémente pour randonner au paradis des oiseaux, des chevaux et des taureaux. Un vrai bonheur. Vous longez l'étang de Batayolles, suivez la langue de terre entre les étangs du Fangassier et du Galabert. Escale salée au Salin-de-Giraud, près d'Arles. Au Salin, le sel est récolté et stocké toute l'année, formant des monticules blancs entre l'eau et le ciel. Faites provision de sel de Camargue : ce n'est pas cher et pas trop lourd dans le sac à dos. Même la fleur de sel est abordable et vous avez des conditionnements charmants pour de petits cadeaux. En plus, vous soutenez l'économie locale et un métier ancestral, même si les sauniers sont plutôt du côté gardois de la Camargue. Sans compter que le sel de Camargue est bourré d'oligo-éléments précieux pour votre santé. Convaincus ?

Puis direction Port-Saint-Louis-du-Rhône que vous rejoignez en 5 minutes de traversée depuis le Salin-de-Giraud par le bac de Barcarin. À l'embouchure du Grand-Rhône, entre le fleuve et la mer, Port-Saint-Louis-du-Rhône offre une escale nautique et marine, dans un bourg convivial, plus populaire que touristique. Ici, les tarifs n'ont rien à voir avec ceux pratiqués dans les stations balnéaires de la Côte d'Azur. Ça fait du bien ! À l'embouchure du Grand-Rhône, vous rencontrez des pêcheurs et des conchyliculteurs entre autres travailleurs de la mer. Vous pouvez visiter la Cabane de gardian, maison traditionnelle des « gens du marais » et, en été, la conserverie de poissons Ferrigno, entreprise familiale. Au chapitre des traditions, s'ajoutent des fêtes taurines dans les arènes et des joutes nautiques sur le canal. Puis votre itinéraire longe le Rhône avec une parenthèse en bus pour rejoindre Fos-sur-Mer (lignes 1 ou 2). La balade s'achève le long de l'étang de l'Estomac à Fos-sur-Mer.

Fos-sur-Mer ? La destination ne fait pas rêver. On imagine le port industriel, urbanisé, pollué peut-être. Mais la commune abrite aussi une steppe sauvage unique en son genre, la réserve naturelle nationale des coussouls de Crau aux paysages lunaires, pâturés par les brebis et d'une biodiversité exceptionnelle. Quant au vieux village de Fos-sur-Mer, son centre médiéval de l'Hauture abrite sur un promontoire rocheux l'un des plus anciens châteaux de Basse-Provence avec une vue magnifique sur la mer. Au sommet, trône l'église Saint-Sauveur avec son clocher typique de l'art roman provençal.

Salin-de-Giraud.

VERS MARTIGUES, LA CÔTE BLEUE ET LES CALANQUES

De Fos, un sentier entre terre et eaux relie Martigues en 19 km. Vous passez près du salin de Fos, suivez une portion du Chemin du canal du Roy, en longeant droit devant le canal de Fos à Port-de-Bouc.

© NOAK/LEBARFLOREAL

LINDA VILA PALLEJA

La Provence version street food

Rue de la Tour à Marseille, à deux pas du Vieux-Port, le Pain à l'Ail s'est taillé une belle réputation, en toute simplicité. Il faut dire que Linda Vila Palleja, aux fourneaux de ce petit restaurant de street food provençale ouvert en 2020 met des saveurs au quotidien. Celles-ci sont déclinées en deux formules : sandwich ou plat. On peut déguster sur place ou emporter. La clientèle apprécie le principe d'autant que l'adresse est connue pour sa convivialité. C'était l'objectif de Linda Vila Palleja lorsqu'elle a quitté son emploi dans le secteur de la santé pour une reconversion en cuisine. Cette gourmande, qui affectionne les voyages a importé la bonne formule en mariant la street food et la Provence. Ici on se tutoie, on trinque, on mange dans la rue. Au menu, selon les semaines, une daube ou un aïoli, et selon la saison quelques succès. Ainsi le vrai pan-bagnat en été, et autres spécialités de la maison comme le pain bouillabaisse.

Eh oui, Linda a osé mettre la bouillabaisse en sandwich et même la bourride ! Il y a aussi le hot dog marseillais avec les saucisses bio des sœurs Payani qui élèvent leurs cochons en plein air. Sans oublier le fameux *lobster roll* provençal. À Noël, Linda glisse des lamelles de truffe de pays dans ses baguettes. Mais encore ? Ratatouille, soupe au pistou, calamars farcis, pieds paquets, alouettes sans tête… On pourrait encore parler des desserts !

Généreuse, Linda partage même la recette de son pain à l'ail, celle de sa grand-mère en fait. Il s'agit de tranches de baguette tartinées d'ail écrasé, saupoudrées d'herbes de Provence, arrosées d'un filet d'huile d'olive et rôties au four. Un délice. Ce pain à l'ail symbolise à lui seul la Provence et se déguste sans façon, au naturel.

Déjà, Linda est retournée en cuisine, son royaume, là où chantent les produits de Provence.

Après la pointe de Vella, offrez-vous une pause à la plage des Galets, face à l'étang de Berre. Avant de repartir, faites une escale à Saveur des calanques, une fabrique artisanale de préparations culinaires à base de poissons dont le produit phare est la poutargue de muge. Idéal pour le pique-nique. Le GR® de Pays 2013 vous mène à la chapelle Notre-Dame-des-Marins et Martigues. Vous longez le canal de Caronte qui relie Martigues, au bord de l'eau. Dans le quartier de l'Île, l'église Sainte-Marie-Madeleine, édifiée en 1680, présente une remarquable façade à deux niveaux avec une sculpture de la Vierge à l'Enfant. Il vous faudra grimper en haut de la colline pour rejoindre la chapelle Notre-Dame-des-Marins, ses ex-voto et une superbe Vierge en argent.

Surprise ! À ce niveau de l'itinéraire, vous pouvez éventuellement économiser vos pas en réduisant le parcours pédestre de 68 km cumulés. Pour cela, empruntez le train de la Côte Bleue qui relie Miramas à Marseille. La ligne ferroviaire de la Côte Bleue, édifiée entre 1907 et 1915, a nécessité la construction de 18 viaducs, 2 ponts et 23 tunnels. En optant pour le train de la Côte Bleue, vous pouvez réduire le nombre de vos étapes puisqu'une seule suffira pour relier Martigues et Marseille. Vous pouvez aussi prendre votre temps, faire des sauts de puce en train et profiter tout de même des escales prévues dans la version pédestre.

À pied, vous longez une côte sauvage avec, au large, le Parc Marin de la Côte Bleue, espace protégé depuis 1983, entre les bassins industrialisés de Fos-sur-Mer et de Marseille. Ce site préserve une riche biodiversité sous-marine que vous pouvez observer lors d'une randonnée palmée, voire une plongée à programmer en amont. Même en version TER, il serait dommage de ne pas faire escale au village côtier de Carry-le-Rouet, surtout si vous programmez votre randonnée-pèlerinage en février. Les trois premiers dimanches du mois, sur le port de 10h à 17h ce sont les Oursinades avec dégustation d'oursins. Ces « châtaignes de mer » sont alors bien pleines et leurs gonades orangées, fortement iodées. À l'origine, dans les années 1960, l'idée était de dynamiser le littoral hors saison estivale. Gagné !

Aujourd'hui, les Oursinades déplacent les amateurs d'oursins et de convivialité par centaines. Vous poursuivez en train ou par le chemin des Eaux Salées au bord de l'eau, puis le chemin de la Calanque du Puits, celui de la Redonne… Vous enfilez les calanques ! C'est beau, mais le dénivelé se cumule et votre fatigue aussi. Vous pouvez récupérer le train à Ensuès-la-Redonne ou à Niolon… On ne dira à personne comment vous avez rejoint l'Estaque !

ESCALE À MARSEILLE, VIVANTE ET GOURMANDE

De ce port mythique, vivant et bon enfant, cher au cinéaste Robert Guédiguian, vous jouissez d'une vue sur la rade de Marseille et le chemin des Peintres. Vous avez bien mérité de déguster des panisses sur le port !

Il fait chaud ? Allez piquer une tête aux plages de Corbières. Puis de deux choses l'une, soit vous remontez dans le train soit poursuivez à pied par le GR® de Pays 2013 puis le chemin de Saint-Antoine à Saint-Joseph pour contourner le Vieux-Port et rejoindre l'abbaye Saint-Victor où vous retrouvez la trace de Marie-Madeleine. Dans la crypte taillée dans la roche, un autel lui est dédié. Autour du Vieux-Port de Marseille, nombre de petits restaurants sympathiques vous attendent. Coup de cœur pour le Pain à l'ail enseigne de restauration de street food provençale (voir portrait). Osez la bouillabaisse version sandwich. Un régal ! Marseille vous apparaît gourmande avec ses marchés, conviviale et spirituelle avec des galéjades (plaisanteries) en terrasse et des édifices religieux qui marquent le paysage urbain. Vous êtes sous la protection de la bonne mère, la monumentale basilique Notre-Dame de la Garde qui domine la cité phocéenne et offre un panorama époustouflant vers la mer et les monts des environs. Pour lézarder, direction la plage du Prado, la plus grande de Marseille.

Pour la verdure, direction le parc Borély riche de très nombreuses essences d'arbres. Vous repartez du cœur de Marseille par une succession de montées et d'escaliers avant de revenir sur la promenade Georges Pompidou. Le sentier s'enfonce peu après dans le parc du Prado et se poursuit à travers le parc Borély.

ANNE JEANJEAN

Productrice de safran et de câpres

À l'enseigne de la Ferme du Lézard vert, sa petite exploitation est implantée dans une plaine agricole à proximité de la mer, à vol d'oiseau. Dans le pays d'Aubagne, au pied de la Sainte-Baume, Anne Jeanjean cultive le safran. Une reconversion initiée en 2011 après une carrière dans le domaine social menée à Marseille. La safranière est largement soutenue par sa famille. Ses fils l'aident à la récolte et ont installé sur place leur volière pour s'adonner à leur passion pour la colombophilie, juste à côté du poulailler. Le roucoulement des pigeons voyageurs répond au chant des cigales ! Le mari d'Anne Jeanjean conduit le tracteur et assure la manutention, quelques réparations, le parage et l'attelage des équins. La mule Colchique et la jument de trait Comtesse apportent largement leur contribution qu'il s'agisse de labourer ou de fournir un engrais naturel. Le choix s'est porté sur deux races poitevines anciennes pour participer de la sauvegarde de la race : « *Ce sont des animaux extrêmement attachants et doux.* »

Anne Jeanjean avait mené des recherches préalables avant de devenir paysanne et de choisir ce qu'elle allait produire : « *On cultive le safran depuis le XVIIe siècle à Cuges-les-Pins qui fut le premier producteur du pays. Cette culture perdure dans les potagers familiaux, j'ai trouvé des bulbes d'une variété ancienne bien adaptée au terrain. J'ai repris aussi la culture traditionnelle de la câpre, je fais un peu de pois chiches et des tisanes de plantes.* » Une polyculture à l'ancienne qui valorise un sol fertile et le climat local, chaud en été, froid en hiver, propice à ces productions. Anne Jeanjean reçoit des classes et des visiteurs individuels pour expliquer son métier et raconter l'histoire du safran dont il faut 200 fleurs pour obtenir 1 g d'épice !

Des chemins escarpés mènent au Parc Saint-Cyr et à la chapelle Notre-Dame de Nazareth. Finalement, le chemin du pic Foch arrive au quartier de la Barasse, fin de votre itinéraire à travers la cité phocéenne. De l'Estaque à la Barasse, un itinéraire urbain, mais sportif qui cumule un peu plus de 1 000 m de dénivelé positif et autant de dénivelé négatif.

VERS LA SAINTE-BAUME À TRAVERS LES PAYSAGES ET LE MONDE DE PAGNOL

Après Marseille ce sont des paysages à la Marcel Pagnol, du Garlaban qui domine Aubagne à la montagne de la Sainte-Baume et son massif que l'on traverse pour rejoindre Saint-Maximin. Le sentier offre un beau panorama sur les massifs rocheux et le vallon de la Barasse. Vous retrouvez le GR® de Pays 2013 après le vallon des Escourtines. Offrez-vous une escale dans le beau village perché d'Aubagne chanté par Pagnol.

Grimpez jusqu'à l'église Saint-Sauveur, visitez la chapelle des Pénitents Noirs, admirez de l'extérieur la chapelle baroque des Pénitents Blancs, symboles du développement des confréries religieuses en Provence au XVIIIe siècle. Mais le clou de votre visite à Aubagne sera la visite du Petit Monde de Marcel Pagnol, musée vivant où 200 santons signés des plus grands santonniers du pays rendent hommage à l'œuvre littéraire et cinématographique de Marcel Pagnol. Poursuivez le parcours d'histoire et d'argile jusqu'en haut du Vieil Aubagne. On visite la maison natale de Marcel Pagnol et le Village des Santons en Provence représentant 19 villages en décor continu mettant en scène plus de 3 000 santons. Un enchantement. Après Aubagne c'est Gémenos, autre village de charme et de caractère avec son château du XVIe siècle et son abbaye de Saint-Pons, classé Station Verte. Au départ de Gémenos, le chemin se poursuit à travers une végétation provençale où l'on repère déjà quelques influences alpines.

Après le Garlaban, c'est un autre massif que vous avez en ligne de mire : la Sainte-Baume. Cette avant-dernière étape vous mène à la grotte sacrée où Marie-Madeleine passa en ermite les 30 dernières années de sa vie. Après le Pas de la Cabre, vous arrivez à la grotte de Sainte Marie-Madeleine en traversant une magnifique forêt.

LA SAINTE-BAUME, SON MASSIF, SA GROTTE, FIN DU PÉRIPLE

Curiosité géologique, la Sainte-Baume dresse sa barre rocheuse étirée sur 12 km et abrite une forêt, relique de celle qui couvrait la Provence à la fin du tertiaire. La grotte naturelle creusée par l'érosion qui a donné son nom au massif – baumo signifie grotte en provençal – est l'un des lieux de pèlerinage les plus anciens du monde chrétien. Tenu par les Dominicains, le sanctuaire de la grotte de la Sainte-Baume est un lieu magique, adossé à la falaise. Les pèlerins y vivent un moment de grâce. Féérique : la vue à 360° de la mer Méditerranée jusqu'aux Alpes depuis la chapelle du Saint-Pilon. Il est possible de loger sur place à l'hostellerie religieuse. Une expérience spirituelle unique que vous soyez ou non croyant… C'est le site phare de votre itinéraire. Dans le massif forestier de Plan d'Aups, la Grotte de Sainte Marie-Madeleine dans le Roc de la Miséricorde a vu passer plus de 40 souverains de Saint-Louis, en 1254, à Louis XIV, en 1660, et des centaines de milliers de pèlerins.

La dernière étape vous mène en 26 km de marche plein nord à Saint-Maximin-la-Sainte-Baume. Depuis l'Hostellerie, vous rejoignez rapidement le chemin des Roys. Vous évoluez en sous-bois à travers le massif. Puis, le chemin de l'Orge laisse place au chemin de Ménarguette à travers une végétation méditerranéenne. Longeant un canal, vous vous dirigez vers l'aqueduc du Cauron avec vue sur le canal de Provence. Ce n'est pas la cathédrale de Saint-Jacques-de-Compostelle d'accord, mais vous serez tout de même bien content de voir apparaître la monumentale basilique Sainte Marie-Madeleine de Saint-Maximin-la-Sainte-Baume, 73 m de long, 43 m de large, 29 m de haut. Celle-ci abrite les reliques de Marie-Madeleine. Fin de votre pèlerinage !

LES BONNES ADRESSES SUR LE PARCOURS

L'Auberge Cavalière du Pont des Bannes
Route d'Arles, D570
13460 Saintes-Maries-de-la-Mer
✆ 04 90 97 88 88

Le Camping des Bois Flottés
Les Bois Flottés de Camargue
www.camping-les-bois-flottes.fr

La Tour Saint-Louis
13230 Port Saint Louis du Rhône
✆ 04 42 86 01 21

The Originals City-Hôtel Azur
20 Av. Jean Moulin
13270 Fos-sur-Mer
✆ 04 42 05 20 50

Le grand canal
Appart'hôtel
1 Avenue José Nobre
13500 Martigues
✆ 04 42 80 58 48
www.hotellegrandcanal.fr

Résidence Adriana
groupe La Vacancéole
2 chemin des Diligences
13620 Carry-le-Rouet
✆ 04 65 01 09 25

Auberge de jeunesse Vertigo
Vieux Port Le Vertigo
38 Rue Fort Notre Dame,
13007 Marseille 7e
✆ 04 91 54 42 95

Le Pain à l'ail
5 Rue de la Tour
13001 Marseille
✆ 09 51 98 23 71

Regain
53 Rue Saint-Pierre
13005 Marseille
✆ 04 86 68 33 20

Bastide des Escourches
6 chemin des Escourches
13011 Marseille
✆ 06 09 84 39 83
www.bastidedeses-courches.com

Le Prieuré Saint-Jean de Garguier
2237 Rte de Saint-Jean de Garguier
13420 Gémenos
✆ 04 42 32 19 82
prieuresaintjeande-garguier.fr

Hostellerie de la Sainte-Baume
Accueil religieux ouvert à tous.
2200, CD
80 Route de Nans
83640 Plan-d'Aups-Sainte-Baume
✆ 04 42 04 54 84

Maison Rouge
Route de Nans
83640 Plan-d'Aups-Sainte-Baume
✆ 06 72 74 70 47
https://mamaisonrouge.fr

Immersion dans le PARC NATUREL DE CAMARGUE

PARCOURIR LE PARC NATUREL RÉGIONAL DE CAMARGUE EST UN ENCHANTEMENT. POUR PRÉSERVER CET ENVIRONNEMENT FRAGILE ET PROFITER AU MIEUX DE LA DÉCOUVERTE DE SA BIODIVERSITÉ ET DE SES PAYSAGES AU FIL DES SAISONS ET AU FIL DE LE LA JOURNÉE, OUBLIEZ LA VOITURE ET PRENEZ LE TEMPS D'UNE IMMERSION AUTHENTIQUE.

ÉVOLUEZ SUR L'EAU, SUR LES SENTIERS, LE LONG DES ÉTANGS, SUR LA DIGUE À LA MER. DÉCOUVREZ À PETITE VITESSE LE PAYS DES GARDIANS ET DES TRADITIONS TAURINES, DES SPAGHETTIS AUX TELLINES ET DES RIZIÈRES. VISITEZ LE MUSÉE DE CAMARGUE POUR COMPRENDRE LE LIEN ENTRE LES HOMMES, LEURS ANIMAUX D'ÉLEVAGE, LA FAUNE SAUVAGE ET CET ENVIRONNEMENT UNIQUE. CHEMINEZ DANS LE PARC ORNITHOLOGIQUE POUR OBSERVER LES OISEAUX. APPRÉCIEREZ L'ENVOL D'UN GROUPE DE FLAMANTS, UN TROUPEAU DE CHEVAUX AU GALOP, LES SAVEURS TERRE ET MER DE CAMARGUE. ET SI VOUS VENEZ LORS DU PÈLERINAGE DES GITANS, CE SERA UNE FÊTE.

COMMUNES TRAVERSÉES :

ARLES, LES SAINTES-MARIES-DE-LA-MER, ÉTANG DE VACCARÈS, SALINS DE GIRAUD, PORT-SAINT-LOUIS-DU-RHÔNE, ARLES.

Quelle mosaïque : rizières vert tendre, salins rosés, roselières dorées, canaux bleus, digues, marais, étangs… Ambiance douce et sauvage à la fois. Images d'Épinal : les graminées au vent dans le soleil courant, les chevaux en liberté, les manades et leurs arènes…

La Camargue abrite une belle diversité de paysages depuis les vignobles du nord jusqu'aux plages du sud. On découvre les marais salants et la sansouïre, ce pré-salé, espace naturel précieux de végétation basse spécifique aux zones inondables des deltas, refuge précieux pour les oiseaux.

Créé en 1970, le Parc naturel régional de Camargue a fêté son jubilé. Ce territoire compte 10 000 habitants et 100 000 ha, et s'étend sur 3 communes Arles et Port-Saint-Louis-du-Rhône, pour partie, Les Saintes-Maries-de-la-Mer, dans leur totalité. Sa mission principale est de concilier développement des activités humaines et préservation de la nature. Pour cela, il soutient un tourisme responsable, accompagnant la filière dans des démarches de qualité Marque Parc. Ce label s'articule autour d'une charte européenne de tourisme durable. Le Parc incite, par ailleurs, les touristes à utiliser des moyens de transport alternatifs à la voiture.

UN MUSÉE OUVERT SUR LA CAMARGUE

Vous pouvez récupérer à la Maison de Camargue (voir adresse plus bas), une carte du Parc naturel de Camargue avec 14 circuits de découverte balisés : La digue à la mer, le Tour de l'étang de Vaccarès, La draille de Méjanes, le Circuit des flamants roses et du sel, Les rives du Rhône de Salin-de-Giraud à Port-Saint-Louis, etc. Pour chaque itinéraire est indiqué le tracé sur la carte et le temps de parcours à VTT, à VTC, à vélo, à pied, en voiture, même si cette dernière alternative n'est pas recommandée. De 1 h 30 à 7 h de marche, de 1 h 30 à 2 jours à vélo, vous avez le choix.

Les circuits proposés permettent de découvrir et d'apprécier la diversité des paysages camarguais. Vous croiserez leurs emblèmes : flamant rose, taureau et cheval Camargue. Profitez de votre visite en gardant à l'esprit que la préservation de la beauté de ce territoire et de sa biodiversité est aussi votre affaire. Entre Rhône et Méditerranée, l'île de Camargue est à nulle autre pareille, façonnée par le travail des hommes, sublimée par un environnement particulier lié au sel, aux vents, au fleuve, à l'absence de relief… Cette réserve de biodiversité est appréciée des ornithologues qui viennent y observer une très grande variété d'oiseaux aquatiques, nicheurs, migrateurs, de passage…

Commencez par une escale au musée de Camargue sur la route menant d'Arles aux Saintes-Maries-de-la-Mer, excellente porte d'entrée de cet espace naturel remarquable. Celui-ci illustre de manière vivante les liens entre l'homme et la nature en Camargue.

Installé depuis 1978 dans l'ancienne bergerie du mas du pont de Rousty rénové en 2013 sur le thème du développement durable, le Musée de la Camargue propose une lecture du territoire d'hier et d'aujourd'hui. Vous découvrez l'exposition permanente Au fil de l'eau, au fil du temps, avec des pièces historiques, des installations interactives, ludiques, sonores, des vidéos, des œuvres d'art contemporain.

Parc naturel de Camargue.

Parcours

PARC NATUREL DE CAMARGUE

Le charme de la Camargue

Les Saintes-Maries, c'est un rythme scandé par le pas des chevaux des gardians, le piétinement des taureaux sauvages et le ressac de la mer. C'est aussi le mythique pèlerinage des Gitans.

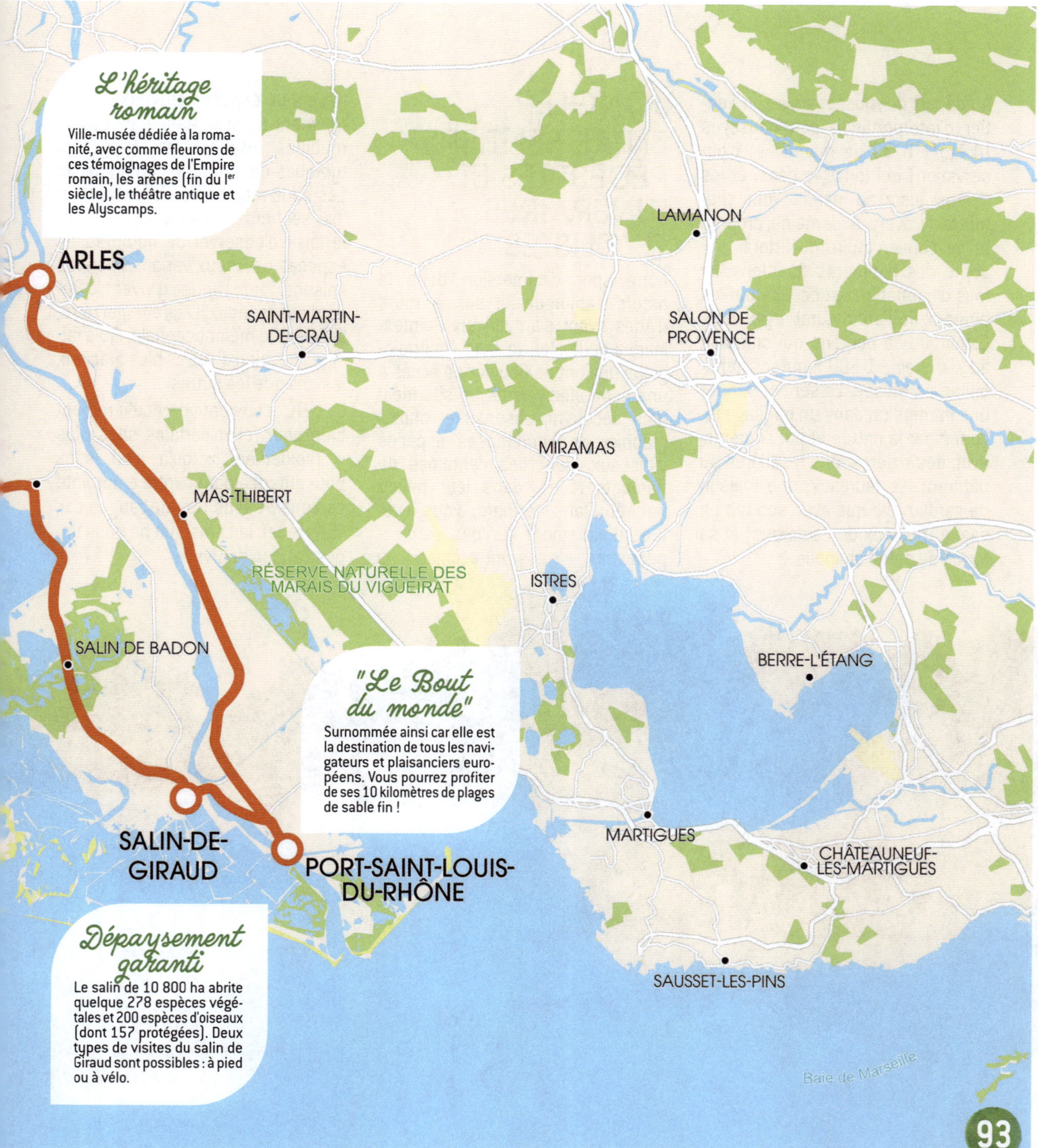

L'héritage romain

Ville-musée dédiée à la romanité, avec comme fleurons de ces témoignages de l'Empire romain, les arènes (fin du Ier siècle), le théâtre antique et les Alyscamps.

"Le Bout du monde"

Surnommée ainsi car elle est la destination de tous les navigateurs et plaisanciers européens. Vous pourrez profiter de ses 10 kilomètres de plages de sable fin !

Dépaysement garanti

Le salin de 10 800 ha abrite quelque 278 espèces végétales et 200 espèces d'oiseaux (dont 157 protégées). Deux types de visites du salin de Giraud sont possibles : à pied ou à vélo.

Au départ du musée, suivez le Sentier d'interprétation des paysages (4 km/1 h 30 de marche et d'observation) qui longe le canal et les rizières jusqu'au marais. Vous cheminez à travers un domaine, propriété du conservatoire du littoral, qui abrite des bâtiments traditions. Le mas d'habitation est occupé par les bureaux du Parc naturel régional de Camargue, la bergerie qui comptait au XIXe siècle 1 500 moutons, réhabilitée en musée. Le sentier permet une immersion dans un paysage façonné par la nature et par l'homme, avec des rizières, des roselières ou pâturent les taureaux, une maison de gardian typique avec son toit en sagne (roseaux de Camargue) et sa forme de petite chapelle.

JONGLER ENTRE SENTIERS PÉDESTRES ET ITINÉRAIRES CYCLISTES

Autre spot d'immersion dans la nature camarguaise, sur la route d'Arles avant d'arriver aux Saintes-Maries-de-la-Mer, le Parc Ornithologique de Pont de Gau donne accès à une riche biodiversité. Un site idéal pour découvrir, observer et photographier de nombreuses espèces d'oiseaux, dont des centaines de flamants roses, dans leur milieu naturel. Dans ce parc, vous évoluez uniquement sur des sentiers pédestres – sans votre chien – à travers un espace naturel de 60 ha, alternant étangs, marais, pelouses, roubines, roselières et sansouïres, typiques de la nature camarguaise. Les bons marcheurs cheminant sur les sentiers lointains auront tout le loisir d'observer de nombreuses espèces d'oiseaux variant selon les saisons. Toute l'année y vivent le Busard des roseaux, l'Aigrette garzette, la Fauvette mélanocéphale, l'Ibis falcinelle et bien d'autres plus gracieux les uns que les autres…

Le VTC convient particulièrement bien pour relier certains sites plus « rapidement » qu'à pied, sans pour autant alourdir votre empreinte carbone et sans trop de fatigue car, sans relief, la Camargue ne vous impose aucun dénivelé.

Parc ornithologique du Pont de Gau.

© NOAK/LEBARFLOREAL

ROGER MERLIN

Conservateur des Saveurs de Provence

Son mas des Colverts est implanté sur une petite île des étangs de Camargue à l'orée des Saintes-Maries-de-la-Mer, au milieu des oiseaux et des roseaux. Après plusieurs vies menées du nord au sud du globe dans le management et l'hôtellerie de luxe, Roger Merlin a terminé sa carrière comme directeur des restaurants des aéroports de Marseille avant de se retirer en Camargue, son pays de cœur. Là, il accueille des hôtes et se consacre à la défense de la cuisine méditerranéenne et des produits de Camargue. Pour cela, il a fondé voici une vingtaine d'années le Conservatoire Grand Sud des Cuisines qui regroupe producteurs et restaurateurs, a ouvert chez lui une école de cuisine, réalise des animations auprès des scolaires, programme un concours de jeunes chefs… Roger Merlin fourmille d'autres idées même s'il avoue commencer à lever le pied !

À 80 ans, son énergie et sa curiosité impressionnent. Son secret c'est le goût du partage, la pratique assidue des arts martiaux et de la méditation, sans oublier le régime méditerranéen.

Le bonheur ? Un toast de pain de farine de riz grillé avec trois petites tranches de poutargue maison et deux gouttes de citron, un carpaccio de viande de taureau de Camargue avec un filet d'huile d'olive des Alpilles et quelques grains de fleur de sel de Camargue.

Pour suivre, une déclinaison de muge (mulet de mer) : d'un côté à la vapeur avec de la salicorne, de l'autre fumé au foin de Crau et coiffé d'un filet d'anchois, avec quelques légumes sautés à l'huile d'olive et du riz noir de Camargue. Pour finir, Roger Merlin étonne ses hôtes avec un sorbet au lait de brebis arrosé d'un filet d'huile d'olive.

En outre, l'approche à vélo n'est pas ressentie comme menaçante pour la faune sauvage que vous pourrez observer assez facilement. Un problème toutefois : lorsque le vent se lève et souffle fort, ce qui est assez fréquent, vous devrez pédaler bien plus fort ! Alors, prenez la météo avant de partir… Ceci étant, la balade à vélo est facile à organiser, même au dernier moment, compte tenu des différents circuits existants et de la présence de nombreux prestataires. En outre, les cyclistes sont appréciés dans les environs puisqu'ils participent d'un tourisme écoresponsable répondant aux objectifs du Parc naturel régional de Camargue Naturel.

La randonnée pédestre n'est pas conseillée en été où la chaleur est trop forte pour une longue marche. Le reste de l'année, c'est un plaisir. Comme pour le vélo méfiez-vous du vent, en hiver il peut être glaçant. Des visites guidées à la découverte du patrimoine naturel enrichiront vos observations. Il est possible aussi de marcher en suivant les ânes qui portent vos bagages ou/et vos jeunes enfants. Bien entendu, la promenade à cheval est mythique en Camargue. Vous vous fatiguerez encore moins en montant à bord du petit train qui part d'Arles pour s'enfoncer dans le parc avec un guide de pays. Le petit train camarguais vous promène, en été seulement, lors d'un circuit commenté de 13 km, bordant les étangs et les marais, longeant roubines et roselières, vues sur les taureaux, les chevaux et les flamants roses garanties. Mais bon, il faut aimer rester groupés…

AU RYTHME DES CHEVAUX DE CAMARGUE

Revenons aux cavaliers. Ils ont un avantage dans leur découverte de la Camargue. Dans de bonnes conditions, en choisissant une manade marquée Valeurs Parc, par exemple, une chevauchée est inégalable pour parcourir les espaces naturels camarguais. Idéal pour se fondre dans le paysage et observer les taureaux et les chevaux en liberté. Avant de partir avec votre monture, faites une visite à la Maison du cheval, installée au Mas de la Cure, ancienne exploitation agricole du Château d'Avignon, au sein d'un réseau d'espaces protégés, en bordure du Petit-Rhône.

Propriété du Conservatoire du Littoral et des Rivages Lacustres, ce domaine de 287 ha, sur la commune des Saintes-Maries-de-la-Mer (à 13 km du village), regroupe en association éleveurs de chevaux, manadiers, utilisateurs ou amateurs de chevaux Camargue et de personnes attachées à la culture camarguaise. Vous êtes au bon endroit pour découvrir l'élevage traditionnel des chevaux Camargue, leur implication dans la gestion des espaces naturels ainsi que leur travail de gardiennage des taureaux. Les gardians sont fiers de l'agilité et de l'intelligence de leurs montures, mais aussi de la préservation des harnachements ancestraux et des traditions taurines camarguaises. Des prestataires touristiques proposent des forfaits incluant location de vélo et promenade à cheval ou encore location de vélo et kayak. Au départ de Salin-de-Giraud, vous pouvez partir en balade sur les marais en kayak avec un naturaliste qui vous emmène dans des sites sauvages accessibles uniquement par l'eau.

L'ÉTANG DE VACCARÈS, CŒUR DE CAMARGUE

On surnomme l'étang de Vaccarès La Grand Mar. Avec ses 6 500 ha, c'est le plus vaste étang de Camargue. Bordé par le Petit-Rhône, le Grand-Rhône et la mer Méditerranée, en majeure partie au sein de la Réserve nationale de Camargue, il fait partie d'un vaste complexe d'étangs saumâtres qui accueillent d'août à avril, des dizaines de milliers d'oiseaux aquatiques, canards, foulques et grèbes, venus du nord de l'Europe, pour hiverner. En avril, les sternes venues d'Afrique viennent nicher en colonies, en compagnie des mouettes, goélands et avocettes sédentaires. Toute l'année, s'y nourrissent des flamants roses et des hérons. En limite de réserve, les pêcheurs professionnels trouvent en abondance athérines, anguilles, muges, dorades, loups, soles, carpes, brèmes, sandres que l'on retrouve à la table des restaurants.

On peut faire en deux jours – en une journée pour les plus sportifs – le tour de l'étang à vélo. Le premier jour, vous reliez Les Saintes-Maries-de-la-Mer et Salin-de-Giraud. Le second jour, Salin-de-Giraud, Port-Saint-Louis-du-Rhône et Les Saintes-Maries-de-la-Mer. Soit un tour de 104 km avec ou sans assistance électrique. Après la piste cyclable de la D85A ou route de Cacharel, vous suivez la draille de Méjanes. Alternent pistes cyclables et chemins le long des étangs.

Mieux vaut un VTT ou un VTC qu'un vélo de route qui n'appréciera pas quelques pistes non adaptées. Vous croisez des taureaux de Camargue, raço di biou, pâturant en liberté dans les roseaux. Pas loin, un troupeau de chevaux camarguais au galop. C'est que vous arrivez à la manade de Méjanes, sur la commune d'Arles, qu'il est possible de visiter de mars à novembre, qui organise des randonnées à cheval et vous donne accès à un sentier pédestre de 2,5 km. Le site est assez touristique et un brin folklorique, mais permet une approche en accéléré des traditions taurines.

SALIN-DE-GIRAUD, UNE DÉCOUVERTE ASSEZ SALÉE

Dans votre tour à vélo de l'étang de Vaccarès en deux jours, vous dormez au Salin-de-Giraud, village du sud-est du delta, rive droite du Grand-Rhône. Vous êtes sur la commune d'Arles, mais à 40 km (sic !) du centre-ville. La Camargue en bordure de mer, au sol très plat et argileux, parsemé d'étangs, se prête à l'extraction du sel marin. Si l'exploitation du sel est très ancienne sur ce site, le développement du village de Salin-de-Giraud ne date que de la fin du XIXe siècle. Mais il ne s'agissait pas de produire du sel de table.

À la fin du XIXe siècle, Henri Merle, industriel lyonnais, achète 10 000 ha de marécages qu'il transforme en salins pour approvisionner en sel l'industrie chimique. Deux sociétés se partagèrent l'exploitation du sel : Péchiney, productrice du sel, et Solvay qui construit une usine de traitement. L'implantation de ces deux entreprises avait suscité une forte migration de main-d'œuvre étrangère venue de Grèce, d'Espagne d'Italie, d'Arménie…

Lac de Vaccarès.

© OLIVER HOFFMANN - SHUTTERSTOCK.COM.

Deux quartiers de logements ouvriers, bâtis à l'image des cités industrielles du nord, témoignent encore de la vie des saliniers actifs jusqu'aux années 1950-1960. La société Solvay fabriquait la soude transportée aux savonneries de Marseille par bateau sur le Rhône puis sur la mer. Un circuit piéton dans le village de Salin-de-Giraud avec carnet de découverte raconte l'histoire de ce salin de Camargue. Et si aujourd'hui la fleur de sel de Camargue est connue comme la meilleure du monde, ce n'est pas d'Arles qu'elle provient, mais d'Aigues-Mortes, côté gardois de la Camargue. Le sel de Giraud est moins écolo, il sert surtout à l'industrie chimique et au salage des routes en hiver.

On peut visiter les très vastes salins de Giraud étendus des berges du Rhône aux plages. La visite est payante et s'effectue de début avril à mi-novembre, à pied ou à vélo, le long de circuits de 8 à 20 km. Sur ce site d'intérêt écologique aux paysages exceptionnels se développe un petit nombre d'espèces invertébrées qui offre aux oiseaux une nourriture abondante. La couleur rose des étendues humides provient de la présence de ces petits crustacés dont se nourrissent les flamants et qui leur confèrent leur couleur. Ce salin est un site de nidification unique en Europe.

Salin-de-Giraud c'est aussi, sur sa façade maritime, la longue plage sauvage de Piémanson avec 7 km de sable fin et le golfe de Beauduc, Prisée des baigneurs en été, le site redevient plus calme et sauvage en dehors de l'été. On peut aller jusqu'au phare de Beauduc qui n'est pas accessible en voiture en effectuant une randonnée d'une demi-journée ou d'une journée. Avec un guide nature, c'est encore mieux. L'arrivée à la plage de Beauduc et son phare, comme au bout du monde, est un grand moment ! On se sent presque comme Robinson Crusoé.

NAVIGATION ORIGINALE DEPUIS PORT-SAINT-LOUIS

Reprenez votre vélo pour rejoindre Port-Saint-Louis et c'est un petit moment pittoresque qui vous attend pour traverser le Rhône en empruntant le bac de Barcarin. Bingo : c'est gratuit pour les vélos comme les piétons. Une fois de l'autre côté, vous retrouvez la ViaRhôna qui longe le Rhône jusqu'à Port-Saint-Louis-du-Rhône et sa marina populaire appréciée des navigateurs.

Pas besoin de hisser les voiles pour filer sur l'eau avec une barque à fond plat. De mai à août, l'office de tourisme de Port-Saint-Louis-du-Rhône, en partenariat avec l'association Protection des traditions locales, propose une balade sur les marais à bord d'une nègo-chin, terme provençal qui désigne une embarcation traditionnelle, légère, rapide et maniable, que l'on manœuvre à l'aide d'un long bâton appelé partego ou partègue. Cette petite barque à fond plat est principalement utilisée par les pêcheurs et les chasseurs. Vous embarquez pour une promenade de plus d'une heure à la découverte de la biodiversité du marais commentée par les bénévoles de l'association. Très sympa !

Sachez pour finir que la Camargue, tout aussi sauvage qu'elle nous apparaisse, est un territoire de vastes propriétés. Et si de nombreux chemins et pistes sillonnent le delta, certains sont privés. Le mieux est de rester sur les itinéraires balisés. Mais que vous vous déplaciez à pied, à vélo, à cheval ou sur l'eau, il est une constante : n'oubliez pas une protection contre les moustiques, du moins en été, de l'eau potable et, bien entendu, des jumelles. Vous pouvez faire le choix de venir en Camargue durant le pèlerinage des Gitans, rassemblement de plus de 20 000 personnes rendant hommage à Sara, la patronne des Gitans. Messe, musique, procession… Si vous aimez la foule, la musique, les traditions folkloriques et veiller toute la nuit, venez durant cette période. Sinon évitez ces dates !

Si vous craignez la chaleur et l'affluence touristique, évitez également les mois d'été. Il reste le printemps et l'automne et pourquoi pas l'hiver pour profiter de l'authenticité d'une Camargue animée par ses gardians, des ornithologues, des chefs et des hôtes qui savent partager leur passion pour le territoire.

LES BONNES ADRESSES SUR LE PARCOURS

- **Le mas des Cols Verts**
Avenue d'Arles
✆ 06 20 14 79 75
www.masdescolverts.com

- **Un nid en Camargue**
18 rue de la Victoire
13129 Salin-de-Giraud
✆ 06 24 00 34 56

- **Camping Les Bois-Flottés**
Route de la Mer
Les Vanelles
13129 Salin-de-Giraud
✆ 04 90 58 25 09

- **Le vélo Saintois**
19 avenue de la république
13460 Les Saintes-Maries-de-la-Mer
✆ 04 90 97 74 56

- **Le Vélociste 8**
Place Mireille
13460 Les Saintes-Maries-de-la-Mer
✆ 04 90 97 83 26

- **Station service du Bois Sacré**
17 avenue Docteur Joseph Imbert
13129 Salin-de-Giraud
(toute l'année en semaine)
✆ 04 90 58 93 03

- **Manu Kayak**
Manu Kayak vous emmène en kayak avec un guide expérimenté sur des sites accessibles uniquement par l'eau. Egalement location de vélos VTT, VTC, avec assistance électrique.
✆ 06 73 11 28 99

- **Négo-chin**
Deux dimanches par mois de début mai à fin août, départ 9h30 de l'office de tourisme.
Sur inscription auprès de l'office de l'Office de Tourisme de Port Saint Louis du Rhône.
Tour Saint Louis
Quai Bonnardel
✆ 04 42 86 01 21
www.portsaint-louis-tourisme.fr

- **Musée de la Camargue**
Mas du Pont-de-Rousty
13200 Arles
✆ 04 90 97 10 82
www.museedela-camargue.com

- **Parc ornithologique du Pont de Gau**
RD 570
13460 Les Saintes-Maries-de-la-Mer
✆ 04 90 97 82 62
www.parcornitho-logique.com

- **Maison du riz**
Mas de la Vigne
13123 Albaron
✆ 06 31 03 40 11.
On peut loger sur place.
www.maisonduriz.com

- **Maison du Cheval Camargue**
Face au Château d'Avignon.
Mas de la Cure
Route D 570
13460 Les Saintes-Maries-de-la-Mer
✆ 04 90 97 76 37
www.maisonduche-valcamargue.com

En fil rouge,
LA MONTAGNE SAINTE-VICTOIRE

D'AUTRES MONTAGNES SONT MAJESTUEUSES, IMPRESSIONNANTES, VERTIGINEUSES, LA SAINTE-VICTOIRE, ELLE, INSPIRE LA TENDRESSE. LES AIXOIS L'ADORENT. ILS VONT S'Y PROMENER EN SOIRÉE ET LE WEEK-END, PARTENT EN RANDONNÉE POUR UNE JOURNÉE OU DEUX, VIENNENT PIQUE-NIQUER EN FAMILLE DANS LA PINÈDE OU SE PROMENER EN AMOUREUX. SON PROFIL MARQUE LEUR PAYSAGE AU QUOTIDIEN, SELON UNE PHYSIONOMIE CHANGEANTE SELON L'ANGLE, LA DISTANCE, LA SAISON, L'HEURE, LA MÉTÉO. VOICI POURQUOI LE PEINTRE AIXOIS PAUL CÉZANNE (1839-1906) EN FIT PAS MOINS DE 87 REPRÉSENTATIONS DE L'AUBE AU SOLEIL COUCHANT, DEPUIS SA MAISON FAMILIALE DU JAS DE BOUFFAN, DES ENVIRONS DE GARDANNE, DE BELLEVUE-MONTBRIAND, DE BIBEMUS-CHÂTEAU-NOIR…

DURANT CE PARCOURS NOUS ALLONS DÉCOUVRIR CET ESPACE NATUREL PAR SES SENTIERS AVANT DE REJOINDRE QUELQUES VILLAGES PROVENÇAUX À SES PIEDS. LA SAINTE-VICTOIRE EST LE FIL ROUGE DE NOTRE DÉCOUVERTE DU PAYS AIXOIS LORS D'UN ITINÉRAIRE À PIED SUR LA MONTAGNE, EN BUS OU À VÉLO DANS LA PLAINE.

COMMUNES TRAVERSÉES :

AIX-EN-PROVENCE, VAUVENARGUES, PUYLOUBIER, SAINT-ANTONIN-SUR-BAYON, BEAURECUEIL, LE THOLONET, AIX-EN-PROVENCE.

Au sein d'un paysage provençal façonné par les activités forestières, agricoles et pastorales, la présence du monument minéral de la Sainte-Victoire avec sa longue barre de roche de calcaire, exerce une forte attraction. Sa fréquentation a doublé au cours des 30 dernières années pour atteindre jusqu'à 1 million de visiteurs par an ! Ce joyau du patrimoine naturel devait être préservé. Dans une démarche de protection et de valorisation, il a obtenu le label Grand Site de France en 2004.

Celui-ci a été renouvelé en 2019, en intégrant le massif voisin du Concors, devenant dès lors le Grand Site Concors Sainte-Victoire. Sur 50 000 ha, il compose le plus vaste espace boisé d'un seul tenant des Bouches-du-Rhône. Mitoyenne d'Aix-en-Provence à l'ouest et du Parc naturel régional de la Sainte-Baume, à l'est, la montagne Sainte-Victoire alterne falaises de calcaire, forêt et garrigue sur 18 km de long et 5 km de large. Pour parcourir ce site naturel, il convient de rester sur les sentiers balisés, de respecter les consignes, de s'informer des risques d'incendie, de ne prélever ni flore ni faune et de repartir avec ses déchets.

Au départ des principaux accès, un panneau vous indique le tracé des sentiers et pour chacun son balisage, sa durée de marche, son dénivelé, ses points d'intérêt, sa fréquentation.

© NOAK/LEBARFLOREAL

MIREILLE FOUQUE

D'argile et de Provence

Les mains et le cœur dans la terre de Provence, Mireille Fouque est la doyenne d'une célèbre famille de santonniers. Durant un demi-siècle, elle a modelé des santons dans l'argile selon un savoir-faire unique initié au XIXe siècle par son grand-père, Jean-Baptiste Fouque, puis perpétué par son père, Paul Fouque, créateur du célèbre santon Coup de Mistral, celui avec la cape au vent. Aujourd'hui, son fils Emmanuel a pris de relais toujours dans le strict respect de la tradition provençale de l'Art du Santon. Parmi les plus réputés au monde pour leur poésie et leur précision, les santons Fouque déclinent une collection de 1 800 personnages. Les imitations à bas prix venues de Chine n'ont pas réussi à éteindre leur lignée.

Si Mireille Fouque ne crée désormais plus de santons, elle reste une brillante connaisseuse et une fervente défenseuse des traditions provençales. Secondée par son époux, elle poursuit les expositions et les conférences autour des santons, de la crèche et des traditions provençales. Du gros souper aux 13 desserts de Noël, en passant par le sapin décoré de rubans rouges et jaunes aux couleurs provençales, Mireille Fouque raconte sa Provence, illustre ses légendes, porte l'habit provençal, mijote des daubes de toro et dresse des tables de fête avec une joie communicative.

Dans son mas, sur les hauteurs d'Aix, sa propre crèche illumine le salon, féérique avec des santons de différentes tailles comme il se doit pour l'effet de perspective. Sur leur colline de mousse et de cailloux, de maison en maison, les villageois s'activent, maçon, meunier, gardienne d'oies, curé, instituteur… et jusqu'au petit Jésus, flanqué de Marie et Joseph, du bœuf et de l'âne. Tout ce qu'il faut pour que Mirelle poursuive son passionnant récit. Toute sa famille est là ! Chacun avec le santon qui le représente…

Parcours
LA MONTAGNE SAINTE-VICTOIRE

Cité aux mille fontaines

Capitale historique de la Provence, la ville a gardé toute sa splendeur et rayonne avec son patrimoine, ses célèbres calissons, ses festivals et son actualité culturelle.

Entre l'Arc et la Cause

Le Tholonet offre une exceptionnelle palette de couleurs, la terre rouge, la roche grise, le ciel bleu azur. Ce n'est donc pas étonnant que ce village ait été un des préférés de Cézanne

Une destination nature

Au pied de la Sainte-Victoire, ce charmant petit village voit filer les jours paisiblement à l'écart du tumulte. Vous apprécierez ses paysages sauvages, son attrait principal.

Château de maître

Authentique village avec un imposant château, dernière demeure acquise en 1958 par Pablo Picasso. L'artiste y peignit ses célèbres toiles dont *Le déjeuner sur l'herbe*.

Au milieu des vignes

Ce village est resté authentique et en dehors des courants de la mode. Sur la place ombragée de beaux platanes, on joue à la pétanque comme dans le meilleur film de Pagnol.

Blotti au pied de la montagne

Ce tout petit village s'étend sur un plateau entouré de crêtes et de jolis vallons, au pied du versant sud de la montagne Sainte-Victoire. Il est traversé, comme son nom l'indique, par le Bayon.

UNE MONTAGNE EN PARTAGE, À DÉCOUVRIR ET PROTÉGER

Un réseau d'environ 250 km de sentiers labellisés de tous niveaux sillonne (la) Saint-Victoire. Il est possible pour les randonneurs avertis de marcher plusieurs jours, en autonomie, en dormant dans des refuges ou des gîtes de groupe. Deux refuges et deux gîtes d'étape vous accueillent, mais la maison forestière Zola et le refuge Cézanne sont actuellement fermés au public. Le GR9 passe par ici en traçant un très bel itinéraire le long des crêtes jusqu'au le sommet de la montagne. L'arrivée au pic des Mouches (1 011 m) est un émerveillement. À l'horizon, la Provence, le pays d'Aix et, par temps clair, le mont Ventoux et les Alpes.

Sur les contreforts de la Sainte-Victoire pousse la vigne et se sont installés il y a fort longtemps des villages aujourd'hui très prisés. Le charme de ces villages provençaux, coquets et pittoresques est incontestable. Ici, le prix de l'immobilier est depuis longtemps prohibitif ! Mais personne ne vous empêche d'en apprécier la beauté dans le paysage et de parcourir leurs ruelles à l'affût de bâtisses historiques et de petites adresses sympathiques. Ici, un chocolatier réputé, là un vigneron régulièrement récompensé dans les concours, plus loin une table gourmande… Furetez !

Le vignoble des Côtes de Provence Sainte-Victoire, l'une des 5 appellations des Côtes de Provence spécifiques, se déploie au pied de la montagne Sainte-Victoire.

La majorité des vignerons de l'appellation cultivent leur vigne en agriculture biologique ou Haute Valeur Environnementale. Un engagement pour l'environnement en adéquation avec le fait que leur vignoble est situé au pied de la montagne Sainte-Victoire inscrite au réseau Natura 2000 pour maintenir sa biodiversité. Il est temps d'organiser votre parcours. Mieux vaut éviter l'été, sa canicule, ses risques d'incendie, sa fréquentation touristique. Préférez les trois autres saisons. De même, évitez les week-ends pour les sites de Sainte-Victoire et les heures de pointe pour le parcours à vélo. Bien entendu, vérifiez la météo avant de partir, prévoyez nourriture et boisson en quantité suffisante. C'est parti !

DÉPART À PIED DE VAUVENARGUES

Resserré le long de la gorge de la rivière La Cause, le vieux village de Vauvenargues offre ses ruelles de riche patrimoine. On chemine à la recherche des portes voûtées en plein cintre, des pierres taillées et des voûtes d'arêtes. Parmi les bâtisses historiques, l'ancienne ferme seigneuriale, le presbytère ou encore cette maison du XVIIe siècle qui était celle du notaire royal. L'ancienne Bergerie du château, élevée de deux étages, a été restaurée. Près du jardin, une petite construction en pierres frustes abritait la porcherie. C'est sur cette commune que se trouve le parking des Venturiers, point de départ de nombreuses randonnées dont celle qui grimpe jusqu'au prieuré Sainte-Victoire puis à la Croix de Provence.

Comptez 2 h 30 de marche pour cette randonnée assez sportive qui emprunte le GR9 (balisage rouge et blanc) sur une distance de 6 km pour 575 m de dénivelé. Le parcours file droit jusqu'au sommet sur les pas des pèlerins qui montent en procession depuis le XVe siècle, en avril. Le chemin profite de l'ombre des chênes avant de s'élever dans une lande à amélanchiers. Les derniers kilomètres en lacets s'effectuent dans une zone moins boisée qui permet d'apercevoir les eaux du lac de Bimont en contrebas et le sommet… plus haut.

Une première halte s'impose à la chapelle et son refuge du Prieuré, lieu historique. La brèche des Moines offre un balcon avec une vue saisissante sur le versant sud et la vallée de l'Arc. Après la visite du prieuré de Sainte-Victoire, prenez un quart d'heure pour grimper le long de la crête jusqu'à la Croix de Provence (946 m). L'édifice se compose d'un socle de 11 m de haut sur lequel repose une croix en métal de 7 m. Inutile de dire que cette croix se voit de loin !

© NOAK/LEBARFLOREAL

MAIXENT DUBOIS

Chantre des plantes de Sainte-Victoire

Fils de viticulteurs bio des Côtes de Provence, Maixent Dubois a fondé sa propre entreprise à la fin des années 2010. Quittant le domaine familial du Loup Bleu, il s'est lancé dans la macération et la distillation de plantes de Provence pour faire du pastis. Pour cela il put compter sur le soutien de sa famille et d'un large réseau d'amis, apiculteur, dessinatrice de plantes sauvages, gros bras pour le chantier de sa distillerie à l'orée d'Aix-en-Provence vers Sainte-Victoire, mais le plus gros des troupes s'implique pour tester ses compositions. En 2019, son premier pastis, le Garagaï est validé ! Celui-ci associe 29 plantes, estragon, menthes, absinthe, armoise, lavande, sauge, mélisse, basilic citron, basilic marseillais, basilic réglisse, anis vert, verveine, sans oublier les plantes de la colline thym, sarriette, romarin fleur de fenouil… Un vrai bouquet de saveurs naturelles. Depuis Maixent Dubois a créé le pastis du Baou au goût de garrigue et l'étonnant Mediterra valorisant une quinzaine de plantes locales dont le safran et l'immortelle. Un festival en bouche ! Sans oublier une belle collection de sirops de plantes.

Maixent Dubois organise des stages pour composer son propre pastis en assemblant des plantes. Pas plus de 5 au total pour ne pas perdre le fil aromatique et garder une harmonie. On se retrouve avec pipette et fiole, jonglant avec les plantes puissantes, coriandre, thym ou coquelicot et les plus douces, hysope ou mélisse… Un grand moment ! D'autres projets ? Un marc de rolle, cépage local, une eau-de-vie de rosé, il veut travailler aussi l'aubépine, la fleur d'acacia… C'est toute la garrigue qu'il fait chanter à travers ses distillations.

Vous pouvez dormir au prieuré en respectant son règlement et en vous assurant de son ouverture au préalable et bien entendu en ayant prévu votre ravitaillement. Il s'agit d'un bivouac sommaire, mais vous avez des toilettes ouvertes à tous. Le lendemain, poursuivez votre chemin sur le GR9 en suivant les crêtes sur un sentier bien tracé qui moutonne et offre des vues panoramiques, croise des alpages et des vallons sauvages. Votre cheminement dans une paix divine passe par le pic des Mouches, sommet de la montagne. Le GR9 redescend jusqu'au village de Puyloubier où vous arrivez dans l'après-midi après 4 ou 5 h de marche.

UN CHAPELET DE VILLAGES PROVENÇAUX AGRIPPÉS À SAINTE-VICTOIRE

Là, vous effectuez votre retour à la civilisation en douceur. Vue de loin, la mosaïque de ses toits provençaux semble prolonger le contrefort de la montagne. Cette très vaste commune, à moitié agricole, à moitié couverte de bois et de zones naturelles qui grimpe jusqu'au pic des Mouches, se déploie dans la plaine avec ses vergers et son vignoble. Celui-ci totalise 1 000 ha de vignes soit le premier vignoble du département. Puyloubier abrite l'imposante Cave des Vignerons de Sainte-Victoire. S'ajoute un immense parc photovoltaïque implanté dans une ancienne carrière d'argile. Petits commerces et ruelles piétonnes font de ce village une escale sympa d'autant qu'il abrite un gîte d'étape, pile sur le GR9. Vous pouvez opter pour une escale plus luxueuse en prenant vos quartiers au Relais Saint Ser, en pleine nature sous la paroi rocheuse, départ d'autres randonnées. L'adresse est située sur la route Cézanne entre Puyloubier et Saint-Antonin, prenez le bus régulier (ligne 110 - arrêt

Montagne Sainte-Victoire.

Cézanne) puis vous atteignez ce petit paradis en une demi-heure de marche. De nombreux parapentistes atterrissent dans une clairière à proximité.

Profitez du site pour vous reposer et prendre le temps d'un repas gastronomique ou/et partez en randonnée au pied de la Sainte-Victoire, le long de la paroi. Vous pouvez aussi suivre le sentier rouge, un itinéraire sportif qui grimpe sur la Sainte-Victoire en 3 h, 600 m de dénivelé et 6 km de distance. Le sentier balisé rouge est bien tracé, mais après la chapelle Saint-Ser présente quelques passages techniques avec chaînes et éboulis.

Vous poursuivez sur la route dite Cézanne qui rejoint Aix-en-Provence en empruntant le bus régulier et fréquent de la ligne 110 en profitant des arrêts dans les villages à commencer par Saint-Antonin-sur-Bayon. Ici vous trouvez la Maison de la Sainte-Victoire. Cet espace d'accueil et d'information vise à sensibiliser les visiteurs à la fragilité de l'environnement. Optez pour une visite commentée par les éco-guides. La structure abrite un restaurant et la nouvelle Vinothèque Sainte-Victoire.

Vous y trouvez un choix de 90 bouteilles au prix producteur et une sélection de produits du terroir. Prochain arrêt Beaurecueil, village provençal de 600 habitants entre vignes, amandiers, cultures maraîchères et paysages sauvages de roches rouges. La commune abrite la moitié des 800 ha du Parc départemental de Roques-Hautes très apprécié des familles. C'est le point de départ de randonnées pédestres, de circuits VTT et de courses d'orientation. Le Département qui avait commencé à faire l'acquisition de ce domaine dès 1973 s'est attelé à sa réhabilitation suite au grand incendie de 1989. Ce parc au relief accidenté invite aux promenades sur les crêtes rocheuses et à la flânerie au bord du Bayon. La vue sur la montagne Sainte-Victoire y est magique.

Le domaine de Roques-Hautes abrite la réserve naturelle nationale de Sainte-Victoire qui protège l'un des plus grands gisements européens d'œufs de dinosaures issus du Crétacé supérieur (interdit au public). L'ancienne carrière de marbre issu de la brèche du Tholonet, qui s'y trouve n'est pas non plus ouverte au public. Son marbre servit, notamment, à l'édification du Louvre. Le parc intègre un verger de 25 ha avec amandiers, figuiers, chênes truffiers et oliviers.

UNE BOUCLE À VÉLO DEPUIS LE THOLONET

Puis arrêt au Tholonet. C'est sur ce site que les Romains fondèrent leur première cité en Provence : Aquae Sextiae. Le territoire abrite le barrage-voûte Zola, au niveau des gorges de l'Infernet, en aval du barrage de Bimont (1952) et en amont du barrage de la Petite Mer (1475). Cet ouvrage inauguré en 1854 avait pour mission d'alimenter en eau la ville d'Aix, à 7 km, par le canal d'Aix. C'est pour célébrer l'arrivée de l'eau en ville que fut construite, en 1860, la grande fontaine de la Rotonde, devenue depuis l'un des symboles majeurs d'Aix-en-Provence.

Le canal Zola fut la principale source d'eau de la ville jusqu'en 1875 et l'arrivée des eaux du canal du Verdon. Les deux canaux ont alimenté conjointement la ville d'Aix jusqu'à la mise en service du canal de Provence dans les années 1960. Si le canal Zola a été abandonné, le barrage continue à être entretenu par la Société du Canal de Provence dont le siège se situe au château du Tholonet. C'est désormais un bassin de rétention pour ralentir les crues de l'Infernet.

Le Tholonet est le point de départ idéal pour pédaler à la découverte du pays d'Aix. Si vous n'êtes pas venu avec votre deux-roues, il y a une base de location et d'animation vélo sur cette commune (voir plus bas). D'ici, plusieurs circuits sont possibles, dont le Tour de Sainte Victoire qui emprunte les plus belles routes autour de la montagne. Cette boucle de 60 km vous dévoile les deux faces du massif. Le plateau et la forêt pour commencer, puis la spectaculaire falaise rocheuse. Prévoyez une journée de randonnée cycliste avec pique-nique ou réservation dans un restaurant, sinon ce sera un sandwich dans une boulangerie…

À la fin de l'itinéraire, d'Aix au Tholonet, vous empruntez la route Cézanne (la D17), la seule en France classée Monument historique. Le peintre l'empruntait pour se rendre dans la campagne aixoise où il trouvait son inspiration. Une fois par an, l'association Route Cézanne du Tholonet propose des animations culturelles le long de cette route, piétonne pour l'occasion. La Route Cézanne a rejoint le réseau Impressionismes Routes © du Conseil de l'Europe en 2022.

Pour revenir à Aix-en-Provence, prenez le bus 110 ou votre propre vélo si vous l'aviez. Dans ce cas, vous êtes un cycliste averti et serez certainement intéressé de rencontrer les militants cyclistes Aixois de l'Adava, association pour le Développement des Alternatives à la Voiture à Aix (et Pays d'Aix). Créée en 1991, celle-ci s'attache à une approche globale des déplacements, revendique le développement des modes actifs et des transports en commun en réduisant la place que monopolise la voiture. L'Adava promeut la pratique du vélo au quotidien avec un atelier de réparation ouvert à tous, le recyclage de vélos anciens, une école de vélo pour les adultes, une cartographie actualisée des pistes cyclables au pays d'Aix.

De retour en ville, ne boudez pas votre plaisir ! Profitez de cette inoubliable cité qui invite au bonheur. Cheminez d'une place à l'autre en admirant des monuments historiques dans une lumière à nulle autre pareille. Prenez la Diablotine, petite navette électrique qui dessert le vieux centre-ville. Sur le marché de la place de Verdun, choisissez un panier d'osier, un paréo pour les beaux jours et des épices pour la maison. Prenez le temps de visiter le musée Granet aux collections prestigieuses. Rendez-vous avec des œuvres d'Ingres, de Rembrandt, de Picasso… Puis, on s'installe pour un verre de rosé sur une terrasse du cours Mirabeau et l'on se dit que les Aixois, comme Cézanne en son temps, ont bien de la chance de vivre ici.

© NOAK/LEBARFLOREAL

MAGALI MOREL

Héritière engagée en terre aixoise

Des serres dans la ville ? À Aix-en-Provence, les grues composent d'imposantes forêts et chaque mètre carré est convoité. Pourtant au milieu des immeubles modernes, un bout de terre agricole résiste. Celui de la famille Audier. Déployée sur près de 2 ha, avenue du club hippique, cette exploitation de maraîchage et de pépinière est dirigée par Magali Morel, petite-fille des fondateurs Hélène et Maurice Audier. La ferme Audier, pionnière d'une agriculture dite alors écologique, s'est convertie en bio dès 1970.

Paysanne dans l'âme, Magali est née dans les choux et les roses. Après avoir pratiqué le chant lyrique comme mezzo, fait des études en diététique et mené un élevage caprin bio dans le centre de la France, elle est revenue voici 14 ans sur sa terre d'origine pour rejoindre l'exploitation familiale dont elle a pris les rênes en 2016. À l'enseigne de Céréprim (Céréplan pour la vente de plants potagers de la pépinière), une boutique est installée à l'orée des serres et des champs. En saison, la ferme propose 50 variétés de tomates, des herbes aromatiques, un total de 100 références ! Des soucis et des capucines s'invitent entre les légumes. Pionnière des plants de patates douces en France.

Rotation des cultures, arrosage au goutte-à-goutte, respect des sols, recherche de la saveur plus que du rendement, convivialité dans l'équipe, variétés adaptées à la région, Magali Morel se bat pour maintenir l'éthique d'une agriculture paysanne durable.

Pour combien de temps encore ? Combien de temps pourra-t-elle résister à la pression foncière et la concurrence des chaînes de magasin bio et à la pression foncière. Magali enfonce la grelinette dans le terreau : « *C'est vrai, nous ne sommes pas des commerçants ordinaires et nous ferons toujours passer notre éthique avant le profit.* »

LE CALISSON
d'Aix-en-Provence

L'origine du calisson remonterait au XVe siècle, création du pâtissier de la cour, en hommage à la jeune reine Jeanne, le jour de ses noces avec le bon Roy René. La recette s'est transmise. La pâte du calisson, mélange de pâte d'amandes (32 % minimum), de melons confits et autres ingrédients plus secrets, est disposée entre deux feuilles de pain azyme avant d'être découpée en losange, à l'emporte-pièce. Puis les calissons sont glacés en surface par un mélange de sucre et de blancs d'œufs battus. La Confiserie Parli (depuis 1874), celle du Roy René (depuis 1920) et les autres offrent la Rolls du calisson. À l'extérieur d'Aix-en-Provence, vous trouvez la fabrique de la Confiserie du Roy René et le musée du calisson doté d'un parcours culturel, ludique et interactif sur l'histoire du Calisson et de l'amande de Provence. La Confiserie du Roy René est estampillée du label EPV, Entreprise du Patrimoine Vivant. On peut aussi visiter librement les jardins du Roy René, aux abords de la fabrique.

LES BONNES ADRESSES SUR LE PARCOURS

Gîte d'étape des Amis de la Nature
Pont de Béraud
À la sortie d'Aix
sur la route de
Vauvenargues (bus n° 6)
✆ 07 85 11 38 43

Refuge du prieuré de Sainte Victoire
Contacter Les Amis
de Sainte-Victoire
✆ 06 09 09 24 65
www.amisdesaintevictoire.asso.fr

Refuge Baudino
Accès par le sentier brun ou le sentier rouge au départ de La Torque.
Ouvert toute l'année.

Gîte d'étape de Puyloubier
5, impasse du Figuier
13114 Puyloubier
✆ 04 42 66 35 05
(Daniel Gorgeon)
www.gite-dgorgeon.com

Relais de Saint Ser
Avenue Cézanne
13114 Puyloubier
✆ 04 42 66 37 26

Restaurant Maison Sainte Victoire
Route Cézanne D17
13100 Saint-Antonin-sur-Bayon
✆ 04 42 23 53 09
(du mercredi au dimanche, 9h30-17h).

Distillerie Garagaï
1053 Chemin de
la Plaine des Dés
13080 Aix-en-Provence
téléphoner avant :
✆ 06 25 93 12 31

Maison Sainte-Victoire,
Route Départementale 17
13100 Saint-Antonin-sur-Bayon

Confiserie Léonard Parli
La Boutique Traditionnelle
35, avenue Victor-Hugo
13100 Aix-en-Provence
✆ 04 42 26 05 71
www.leonard-parli.com

Musée Granet
Dans le vieil Aix.
Place Saint Jean de Malte
13100 Aix-en-Provence
✆ 04 42 52 88 32

L'atelier de Cézanne
9, avenue Paul Cézanne
13100 Aix-en-Provence
✆ 04 42 21 06 53
Accès en bus n°5
Arrêt Cezanne ou n°12,

Station Bee's
Place du Ferrageon
13100 Le Tholonet
✆ 07 81 64 47 34

Adava
10, rue Edouard Herriot
13100 Aix-en-Provence
✆ 06 21 53 73 76
https://adava.fr/wp

SUR LA ROUTO®
des brebis avec des ânes

PARTEZ À LA DÉCOUVERTE DU MONDE PASTORAL, SUR LES TRACES DES TROUPEAUX TRANSHUMANTS EN SUIVANT UN NOUVEAU GR. CETTE ITINÉRANCE PÉDESTRE À TRAVERS LES ALPAGES SERA ENCORE PLUS AGRÉABLE AVEC DES ÂNES, SURTOUT SI VOUS PARTEZ EN FAMILLE.

LES ENFANTS ADORENT. DANS LES ALPES-DE-HAUTE-PROVENCE, EN ÉTÉ, DANS LES BOUCHES-DU-RHÔNE, EN HIVER. DEUX SAISONS, DEUX TERRITOIRES, DEUX AMBIANCES. ENTENDEZ-VOUS LES SONNAILLES ET LE BÊLEMENT DES AGNEAUX ? EN ROUTE ! PRENEZ UNE PORTION DE CE CHEMIN ÉCOTOURISTIQUE DE 540 KM QUI S'INSCRIT DANS LE DÉVELOPPEMENT DURABLE ET UNE ITINÉRANCE LENTE EN RELIANT LA CAMARGUE À LA VALLÉE DE LA STURA, EN ITALIE.

COMMUNES TRAVERSÉES :

DIGNE-LES-BAINS, LA JAVIE, LE VERNET, BELLEVUE, VALLON DU LAVERQ, MÉOLANS-REVEL, BARCELONNETTE, JAUSIERS, DIGNE-LES-BAINS.

La transhumance des troupeaux ne se fait plus à pied. Fini le temps où la montée à l'alpage regroupait plusieurs dizaines de milliers de brebis et durait plusieurs semaines avec des haltes et des retrouvailles de village en village. Après l'estive, la descente vers les bergeries pour l'hiver s'effectuait également durant plusieurs jours. Quelques éleveurs ont renoué avec la tradition en relançant des fêtes de la transhumance pour animer le territoire et valoriser le pastoralisme. Alors, on voit passer dans un village, à l'approche de l'alpage, un troupeau de brebis avec un berger et ses chiens border-collie, patou ou berger de Crau, race ancienne préservée par quelques passionnés. Quelques ânes décorés suivent le convoi. Et l'on apprend que les loups ont peur des ânes. Doublement utiles, ces ânes, puisqu'ils servent aussi à porter vivres et matériel. On entend de loin les sonnailles du troupeau. Le tintement des cloches, dans les rues comme à l'alpage, c'est toujours joyeux ! Les grillades d'agneau de Sisteron embaument la place du village et ouvrent l'appétit.

Le GR® 69 La Routo® relie la plaine de Crau, dans les Bouches-du-Rhône, à la vallée italienne de la Stura, en passant par les Alpes. C'est une réalisation conjointe de la Maison de la transhumance de Salon-de-Provence et de l'Unione Montana Valle Stura, en collaboration avec de nombreux partenaires de part et d'autre du col de Larche (Colle della Maddalena), pour permettre de découvrir les différentes dimensions de l'élevage transhumant.

© NOAK/LEBARFLOREAL

ARIANE CRUELLS

Sur les chemins de l'Ubaye et d'ailleurs

Cette accompagnatrice en montagne a eu plusieurs vies et jongle avec plusieurs points de chute et plusieurs activités. Ariane Cruells a accompagné durant quelques années des randonneurs en trekking en Chine entre 2 500 et 3 500 m d'altitude. Vivant en Chine, elle s'est passionnée pour les minorités ethniques des montagnes et a appris le mandarin. Revenue en France voici 7 ans, elle s'est installée dans les Alpes-de-Haute-Provence où elle a accompagné une clientèle locale, mais aussi des groupes de marcheurs chinois. La crise du Covid et la situation locale ne lui ont pas permis de retourner en Chine qu'elle garde en son cœur. Un jour peut-être…

Quoi qu'il en soit, Ariane Cruells se passionne pour toutes les cultures, les patrimoines et pour la flore sauvage. Elle vient de suivre une formation sur les plantes aromatiques et médicinales et leurs usages car elle a deux activités. « *Je suis accompagnatrice en montagne en été autour de Seyne-les-Alpes, dans l'Ubaye, notamment avec des ânes sur la Routo, l'ancienne route de la transhumance d'Arles en Italie. Je suis aussi cueilleuse de plantes sur un petit terrain familial en Corse.* » Lors des sorties « plantes » qu'elle propose dans l'Ubaye, Ariane Cruells s'attache à ce que les randonneurs observent, identifient, touchent, sentent, voire goûtent les plantes croisées en chemin. C'est toujours une immersion avec elle, immersion dans la nature, immersion dans une culture. Ainsi, elle nous raconte la transhumance alpine ou nous fait découvrir le circuit Art en chemin, parcours de land art au sein de l'UNESCO géoparc de Haute-Provence.

Parcours
SUR LA ROUTO®

Un village paisible

De beaux points de vue, de jolies façades, une fontaine en bois et une petite église à clocher de style roman, voici le tableau idyllique de ce village où il fait bon se promener.

Station thermale

Réputée pour la culture de lavande, cette ville coule des jours heureux dans un environnement clément où ses curistes, séduits par ses eaux bienfaisantes, peuvent se refaire une santé.

Un terroir d'exception

Réputé pour son agneau, le tardon, ses pommes et poires de variétés anciennes faisant le sujet de foires connues depuis le Moyen Âge, ce chef-lieu a su préserver ses traditions.

Belle en toute saison !
Tous les sports peuvent être pratiqués et les occasions d'activités en plein air dans les environs ne manquent pas, été comme hiver : rafting, raquettes, pêche, kayak, vélo…
MEYRONNES
JAUSIERS
Aux ports du parc du Mercantour
Gros bourg paisible et charmant en été comme en hiver. Ne manquez pas le musée de la Vallée, l'église Saint-Nicolas-de-Myre et la Maison des Produits de Pays.
ITALIE
BARCELONNETTE
Capitale de l'Ubaye
Petite ville située à 1 135 m d'altitude, Barcelonnette était au carrefour des provinces du Piémont, du Dauphiné et de la Provence. Aujourd'hui, elle a su allier culture et patrimoine.
VALLON DU LAVERQ
En pleine nature
Entourée de montagnes, cette petite vallée est majoritairement recouverte par la forêt domaniale. On y trouve les ruines d'un monastère du XIIe siècle : l'abbaye de Laverq.
SAINT-DALMAS-LE-SELVAGE
SAINT-ÉTIENNE-DE-TINÉE
ESTENC
ISOLA
VILLENEUVE-D'ENTRAUNES
BEUIL
SAUZE
HORAME-BASSE
ILONSE
DALUIS

UNE NOUVELLE TRANSHUMANCE PÉDESTRE AU PATRIMOINE

De l'occitan *far la routo*, transhumer, la Routo est donc un projet franco-italien visant le développement des territoires autour de la pratique de la transhumance et de l'itinérance touristique. Il est issu de plus de 10 ans d'échanges entre les différents protagonistes. Le premier jalon du GR® 69 a été initié en septembre 2020 lors des 35e Rencontres nationales des acteurs du pastoralisme dans la vallée de l'Ubaye. Agréé en tant que GR par la Fédération française de randonnée pédestre, balisé en rouge et blanc selon la marque des GR, l'itinéraire a été inauguré en octobre 2021. Sur le tracé des transhumances historiques, le GR® 69 La Routo® arrive à point nommé puisque la transhumance est désormais inscrite au Patrimoine culturel immatériel de l'UNESCO. Pourquoi ? En reconnaissance de son patrimoine immobilier, mobilier et immatériel important : cabanes, enclos, sonnailles, bâtons, traditions, produits, langue, etc. D'ores et déjà, la France a reconnu, en juin 2020, la transhumance pratiquée par les bergers et les éleveurs français comme patrimoine culturel immatériel. Première étape d'une candidature internationale. En 2019, l'UNESCO inscrivait la transhumance, *déplacement saisonnier de troupeaux le long des routes migratoires en Méditerranée* et dans les Alpes, au patrimoine culturel immatériel de l'humanité pour l'Autriche, la Grèce et l'Italie. La France devrait donc rapidement rejoindre la liste. Qui dit transhumance, dit élevage. *L'Agneau de Sisteron IGP*, Indication Géographique Protégée, valorise une filière exigeante et concerne trois races rustiques d'alpage : Mérinos, Préalpes du Sud et Mourérous. Les amateurs de viande apprécient. Les filières laine et fromage font également partie intégrante de ce type d'élevage et de nombreux producteurs des Alpes de Haute-Provence tiennent des stands sur les marchés locaux.

À LA RENCONTRE DU PASTORALISME, DE VILLAGE EN ALPAGE

Dans sa totalité, le GR® 69 La Routo® dont le motif est une sonnaille et le balisage celui des GR, rouge et blanc, déroule un itinéraire de 540 km en 33 étapes. La Routo® traverse les Bouches-du-Rhône d'ouest en est, puis les Alpes-de-Haute-Provence du sud au nord, avec entre les deux, une petite intrusion sur trois communes du Var. En été, la portion des Bouches-du-Rhône est difficilement praticable en raison de la chaleur. En revanche, randonner sur une portion des Alpes-de-Haute-Provence est très agréable. Les troupeaux ont quitté les bergeries de la plaine de Crau alors que la steppe est desséchée et le soleil de plomb. Vous les retrouvez en altitude profitant de l'herbe et de la fraîcheur des alpages. Vous croisez les brebis et les génisses dans les vallées de la Blanche et de l'Ubaye. Les marmottes vivent aussi sur l'alpage, mais elles, en hiver, elles ne redescendent pas. Elles restent sur place et hibernent !

Sur votre itinéraire de transhumant pédestre, mettez-vous à l'affût des Journées en alpage, des randonnées pastorales encadrées à la rencontre des bergers et des troupeaux, participez à la Fête de l'agneau de Sisteron, en mai, ou aux Fêtes de la transhumance, à Jausiers début juin, à Riez le 3e dimanche de juin, à Castellane, fin juin, au Vernet début août, à Colmars-les-Alpes, en octobre. Au programme : démonstrations de tonte, du travail des chiens de garde, de filage, dégustation avec barbecue, défilé des troupeaux et folklore sont au programme... Autre temps fort pour les éleveurs : la grande Foire agricole de février à Saint-Martin-de-Crau qui met à l'honneur les ânes de Provence, les Mérinos d'Arles et quelques races de chèvres. Pour l'occasion, éleveurs et bergers présentent leurs plus belles bêtes et les stands alignent les meilleurs produits du terroir.

Vous randonnez en bénéficiant de magnifiques paysages, évoluant à travers des espaces naturels de montagne. Un écrin de sommets et des vues aériennes vous accompagnent dans votre découverte de la biodiversité et du pastoralisme. Les randonneurs découvrent en chemin les signes anciens ou actuels liés à l'élevage pastoral.

BÉA AUGIER, ÉRIC BRUNO

et leurs ânes

Sur la Routo, itinéraire de la montée aux alpages de Provence au Piémont italien, Béa Augier, Éric Bruno et leur petit troupeau d'ânes font leur propre transhumance.

En hiver, ils s'installent à Saint-Saturnin-lès-Apt, dans le Luberon, assurant des animations au marché d'Apt, de petites randonnées alentour et des médiations avec des personnes en situation de handicap. Puis ils prennent leurs quartiers d'été en Ubaye, au village du Vernet à 1 200 m d'altitude.

Ici, ils profitent de l'environnement montagnard de la Haute-Provence et de la belle vallée de la Blanche. Leurs ânes partent alors en randonnée de plusieurs jours avec des particuliers, le long de la Routo. Depuis ce territoire des hommes partirent aussi en grande migration, au XIXe siècle, pour commercer au Mexique.

Éric Bruno lui-même est un grand voyageur. Pendant 20 ans, il a randonné au Canada, en Alaska, en Sibérie, guidant des groupes sur le lac Baïkal avec des chiens de traîneaux, par exemple. Après de longues années de collaboration avec des chevaux de trait boulonnais, il s'est tourné vers les ânes, compagnons de voyage sympathiques, plein de douceur et de calme. Quant à Béa Augier, issue d'une famille nombreuse d'agriculteurs du Luberon, c'est une experte en plantes médicinales et aromatiques de Provence. La garrigue n'a pas de secret pour elle. Ensemble, ils ont fondé en 2020 l'association Tis'ânes forte d'une dizaine d'ânes et ânesses, Félix, Tejad et les autres, comme autant d'amis chers. Dans l'Ubaye, Tis'ânes propose des randonnées sur la Routo au sein de vallées superbes avec des escales dans des écomusées et un passage par Seyne-les-Alpes, capitale du mulet en Europe.

Par exemple, les aménagements réalisés pour les troupeaux transhumants : pierres relevées, murets, aires de repos, ponts et fontaines, mais aussi les produits issus de l'élevage pastoral et ses savoir-faire.

Le tronçon que nous évoquons ici chemine dans les Alpes de Haute-Provence, de la vallée de la Blanche à celle de l'Ubaye. Pour cette randonnée estivale, comme les troupeaux qui transhument vous allez chercher un peu de fraîcheur en altitude jusqu'à Jausiers, à 1 200 m. Mais les courageux peuvent continuer jusqu'au col de Larche, à 1991 m d'altitude, à la frontière italienne.

AVEC DES ÂNES ENTRE LA VALLÉE DE LA BLANCHE ET CELLE DE L'UBAYE

Vous arrivez en train à Digne-les-Bains où vous pouvez emprunter un bus du réseau Zou qui vous mène en une vingtaine de minutes à La Javie. Ce village est réputé pour ses pommes et ses poires de variétés anciennes, mais aussi pour l'élevage du tardon, agneau élevé dans les alpages. C'est à La Javie que vous avez rendez-vous avec Éric Bruno et Béa Augier (voir portrait). Avec leur association Tis'Ânes, ils vous proposent de cheminer avec des ânes. Les familles apprécient la randonnée de 5 jours, en liberté, non accompagnée, mais méticuleusement organisée avec bivouac sous de jolies tentes safari, en gîte ou en refuge, en maison forestière ou en chambre d'hôte. Vous partez aussi avec des suggestions de sites superbes pour pique-niquer, de points de vue et de ravitaillement, de visites autour du patrimoine ou de l'élevage.

Pour commencer, visite de l'écomusée de La Javie dédié à la vie du village au début du siècle dernier et animée par une association d'habitants bénévoles qui collectent, conservent et mettent en valeur la mémoire des traditions locales. Imaginez, dans les années 1930, La Javie comptait 600 habitants, 6 épiceries, 1 meunier, 1 étameur, 1 savetier et 5 facteurs ! En fin d'après-midi, vous faites connaissance avec les ânes. L'un portera vos bagages, les autres, vos enfants à tour de rôle. Au programme, apéritif dînatoire à l'écomusée offert en guise de bienvenue aux nouveaux clients de la Routo. Vous logez au camping de La Javie. Le lendemain, avant de partir, faites provision au Coin paysan pour votre pique-nique. Vous rejoignez Le Vernet et la maison de vos ânes, en un peu plus de 6 h par un magnifique sentier de montagne qui alterne vue aérienne et cheminement en forêt.

Après cette première journée, votre association avec les ânes est au point ! Vous dînez à l'Asinerie Tis'Ânes, Béa et Éric vérifient que tout va bien et vous passez la nuit en tente. Puis c'est 6 h de marche jusqu'à la Maison forestière de Bellevue.

Troisième jour : 6 h 30 de marche pour le refuge du col de Laverq. Puis, le quatrième jour, c'est presque relâche : 4 h 45 de marche. Arrivés à Méolans-Revel, vous vous installez au camping et optez pour un pique-nique, le food truck ou un restaurant. Vos compagnons les ânes augmentent indéniablement votre capital sympathie sur votre passage, tout au long du parcours !

DANS LES PAS DES COLPORTEURS, TRANSHUMANTS AU LONG COURS

Dernier jour avec les ânes. Direction Barcelonnette, la charmante et très animée petite capitale de l'Ubaye (4 h de marche) puis Jausiers (1 h de plus). À Barcelonnette vous trouvez le Musée de la Vallée, installé dans la villa La Sapinière, édifiée en 1878 par un colporteur du pays de retour du Mexique où il avait fait fortune. Ce musée met en scène l'histoire des migrations proches et lointaines des habitants de l'Ubaye. Vous suivez les itinéraires des marchands-colporteurs partis à la conquête de l'Europe, l'aventure commerciale des Gens de l'Ubaye implantés aux Amériques (1805-1950), des Gens du Piémont, d'Italie, du Tessin venus travailler puis se fixer dans cette vallée frontalière, mais aussi les séjours en Orient des peintres-voyageurs de l'Ubaye... Assurément une invitation aux voyages ! Après Barcelonnette, en direction de Jausiers, vous pouvez faire escale chez des copains de vos ânes pour visiter la savonnerie (Ubay'âne) à base de lait d'ânesse.

LA MAISON DE LA TRANSHUMANCE
à Salon-de-Provence

Implantée au cœur de la Camargue, sur le Domaine du Merle, lieu d'expérimentation et de formation autour de l'élevage ovin et des prairies irriguées de Crau, la Maison de la Transhumance cumule une expertise locale et une recherche plus globale. Centre d'interprétation des cultures pastorales méditerranéennes, cette structure regroupe des éleveurs, des experts de l'agriculture, de l'environnement et des sciences de l'homme, des opérateurs culturels et des élus locaux. Ceux-ci mettent en commun leurs compétences pour défendre la pratique de la transhumance et diffuser la connaissance du milieu pastoral. Elle est à l'initiative du GR® 69 La Routo® qui entend participer à une structuration d'une offre agri-touristique qualifiée autour de l'élevage pastoral. Il s'agit d'accompagner la préservation et la valorisation des pratiques liées à la transhumance et au métier de berger, mais aussi de soutenir le développement durable des territoires. Œuvrant à la promotion de l'itinérance et du tourisme, la Routo se développe en partenariat entre les acteurs des filières agricole, gastronomique, artisanale, environnementale et patrimoniale.

- **Maison de la transhumance**
Domaine du Merle, Route d'Arles
13300 Salon-de-Provence
✆ 04 90 17 06 68
www.transhumance.org

À mi-chemin de l'étape 22 du GR® 69 La Routo® qui relie Barcelonnette à La Condamine, le village de Jausiers est la ville natale des frères Arnaud à l'origine du mouvement d'émigration des habitants de la vallée vers La Louisiane et le Mexique. En complément de la visite du Musée de la Vallée, suivez le parcours Jausiers au temps des marchands dont la brochure est disponible auprès de Tis'Ânes et à l'office du tourisme de Jausiers. Vous découvrez les villas dites mexicaines des émigrants de retour au pays, la plus célèbre étant le château des Magnans, imitation de celui de Neuschwanstein en Allemagne qui inspira Walt Disney pour *La belle au bois dormant*.

C'est ici que se termine votre aventure commune avec les ânes. Tis'Ânes vient chercher votre équipée, mais vous devrez promettre aux enfants que l'expérience se renouvellera ! Difficile de les motiver pour poursuivre le chemin sans leurs compagnons à grandes oreilles. Là, de deux choses l'une, soit vous prenez un bus Zou pour rejoindre Digne-les-Bains, soit vous poursuivez sur la Routo… À la Maison des produits de pays de Jausiers, coopérative d'artisans et d'agriculteurs locaux vous aurez rempli votre sac de souvenirs gourmands. Créée en 1992, cette grande boutique regroupe plus de 80 producteurs. Un incontournable de la vallée de l'Ubaye !

EN HIVER, PRENEZ LA ROUTO DU SUD

Dans sa version intégrale, le GR® 69 La Routo® demande un minimum de trois semaines de marche pour un bon marcheur. Sa découverte offre de nombreuses variantes. Certains tronçons sont adaptés aux pratiques équestres, VTT et VTTAE. En hiver, certains chausseront leur ski de randonnée pour les étapes de montagne, d'autres préféreront migrer vers le sud et partir d'Arles pour suivre les premiers tronçons de la Routo sans dénivelé et sans souffrir de la chaleur estivale. Partir d'Arles vous offre l'opportunité de visiter la Maison de la Transhumance au Domaine du Merle (voir encadré). Votre transhumance hivernale chemine dans les Bouches-du-Rhône, en passant par Salon-de-Provence, Aix-en-Provence et Vauvenargues. Vous arrêtez votre périple avant de grimper au nord. À proximité de l'itinéraire, vous pouvez retrouver les gentils ânes de Tis'Ânes qui hivernent à Saint-Saturnin-lès-Apt, dans le Vaucluse, et peuvent vous accompagner lors d'une promenade dans le Luberon.

Jausiers dans la vallée de l'Ubaye.

LES BONNES ADRESSES SUR LE PARCOURS

- **Tis'Ânes**
✆ 07 74 32 89 14
http://tis-anes.fr

- **Hôtel Le Vieux Tilleul**
Les Auches
04140 Seyne-les-Alpes
✆ 04 92 35 00 04

- **Bistrot de Pays Lou Mile Sol**
Rue Principale
04420 Le Brusquet
✆ 06 24 03 70 08

- **Camping Municipal de La Javie**
Route de Prads
04420 La Javie
✆ 04 92 35 34 64
✆ 06 88 94 49 89

- **Le Bon Coing**
Le Village
04420 La Javie
✆ 07 60 38 52 73

- **L'Insolent**
Les Auches
04140 Seyne-les-Alpes
✆ 04 92 35 00 04

- **Le pétrin de Fanny**
Route de Seyne
04420 La Javie
✆ 04 92 34 94 42

- **Le coin paysan**
Route de Seyne les Alpes
04420 La Javie
✆ 06 60 25 13 94

- **Maison des Produits de pays de l'Ubaye**
325 Route des Mexicains
04850 Jausiers
✆ 04 92 84 63 88

- **Ecomusée de la Javie**
04420 La Javie
✆ 06 71 52 33 58

- **Musée de la Vallée La sapinière**
10 avenue de la Libération
04400 Barcelonnette
✆ 04 92 81 27 15

À petite vapeur dans LES ALPES DE HAUTE-PROVENCE

CE N'EST CERTES PAS LE TGV !

IL FAUT ENVIRON 3 H 20 POUR PARCOURIR LES 150 KM DE CHEMIN DE FER ENTRE DIGNE-LES-BAINS ET NICE, DU MOINS AVEC LA LIGNE RÉGULIÈRE DU TRAIN DES PIGNES. EN PRENANT, À LA BELLE SAISON, LE TRAIN DES PIGNES À VAPEUR, C'EST ENCORE BEAUCOUP PLUS LONG ET PLUS PITTORESQUE. QUEL PLAISIR ALORS D'ADMIRER À PETITE VITESSE DE SUBLIMES PAYSAGES DE MONTAGNE, EN EMPRUNTANT DES VIADUCS AÉRIENS ET DES GORGES DE GRÈS AUX COULEURS CHANGEANTES. VOUS AVEZ LA LIBERTÉ DE FAIRE ESCALE AU FIL DE LA VOIE FERRÉE DANS DES VILLAGES PITTORESQUES. VARIEZ LES PLAISIRS, JONGLEZ ENTRE LA MARCHE ET LE TRAIN. SUIVEZ UN SENTIER PÉDESTRE DE PAYS, OFFREZ-VOUS UN SAUT EN PARAPENTE OU UNE VOIE D'ESCALADE. VOUS ÊTES EN MONTAGNE, LA NATURE EST REINE, LES ACTIVITÉS DE PLEIN AIR NOMBREUSES ET LE TRAIN SIFFLE AVANT D'ENTRER EN GARE. PRÉFÉREZ LES AILES DE SAISON POUR CE PARCOURS. L'ÉTÉ, LES TOURISTES Y SONT TRÈS NOMBREUX.

COMMUNES TRAVERSÉES :

DIGNE-LES-BAINS, SAINT-ANDRÉ-LES-ALPES, ANNOT, LE FUGERET, ENTREVAUX.

Le territoire a plusieurs visages et plusieurs atouts. À Digne-les-Bains, au début de votre itinéraire, cumule le thermalisme et un patrimoine géologique exceptionnel distingué du label Géoparc de Haute-Provence attribué par l'UNESCO. S'ajoute une riche histoire humaine autour de personnages hauts en couleur. Alexandra David-Néel, la grande voyageuse orientaliste qui fit renouveler son passeport à l'âge de 100 ans, a terminé sa vie sur les hauteurs de Digne-les-Bains. On peut visiter sa maison, petit coin de Tibet dans les Alpes, et rendre hommage à cette femme exceptionnelle. Depuis Digne, nous vous proposons trois escales majeures sur un parcours aux multiples variantes : Le Fugeret, Annot et Entrevaux. Vous allez emprunter le Train des Pignes qui traverse des paysages d'exception de Haute-Provence, serpentant de la vallée de l'Asse à l'arrière-pays niçois en passant par le Verdon et la vallée du Var. Sachez toutefois qu'en raison d'un chantier en cours au niveau du tunnel de Moriez, le Train des Pignes ne part plus actuellement de Digne mais de Saint-André-les-Alpes. Un acheminement par bus est assuré de Digne à Saint-André et réciproquement.

UN TRAIN HISTORIQUE ET UNE PROUESSE TECHNIQUE

La ligne des Chemins de fer de Provence relie les Alpes à la Côte d'Azur. De la lavande fine aux vignes et aux oliviers en passant par les châtaigniers, son Train des Pignes s'affiche comme un lien et un élément fort de la mémoire collective provençale. Ici pas de SNCF, ce sont les Chemins de fer de Provence qui œuvrent en empruntant une voie ferrée unique. Imaginée dès 1861, alors que Nice venait tout juste d'être rattachée à la France, par l'inventeur dignois Alfonse Beau de Rochas, la ligne du Train des Pignes entendait relier la Méditerranée à Grenoble. En réalité, le train se construira uniquement à partir de Digne-les-Bains. Mais ce seul tronçon au relief très escarpé donna déjà terriblement de mal aux ingénieurs qui durent relever d'innombrables défis. Et il fallut attendre 1911 pour que la ligne rejoigne enfin Nice.

L'étude du tracé avait été confiée à Pierre Ferrié, ingénieur des Ponts et Chaussées qui avait déjà œuvré au chemin de fer du Mont-Cenis, à divers chantiers en Italie avant de diriger le percement du tunnel du Vieux-Port de Marseille.

Ce bâtisseur s'emploie à l'étude des lignes de Provence jusqu'en 1885, puis en dirige la construction jusqu'en 1892 avant de poursuivre sa carrière comme chef des services techniques de la compagnie du Sud jusqu'à sa mort en 1911. Pour s'adapter au relief escarpé, les constructeurs choisirent un écartement entre les voies réduit à 1 m au lieu des 1,40 m habituels. Son parcours nécessita des ouvrages d'art de 25 tunnels, 16 viaducs et 15 ponts métalliques. Une grande épopée ! Au départ de Nice et de sa monumentale Gare du Sud, la voie ferrée rejoint Puget-Théniers en 1892, la même année Digne rejoint Saint-André-les-Alpes.

Entre ces deux sections, il faut percer le tunnel de La Colle-Saint-Michel, de 3 457 m de long. Amorcé en 1900, ce dernier tronçon demande près d'une décennie de chantier. Des centaines d'ouvriers s'activent dans la montagne, édifiant remblais et viaducs, creusant tranchées et tunnels, bâtissant des gares jusqu'à plus de 1 000 m d'altitude. Le train parvient à Entrevaux et Pont-de-Gueydan en 1907, Annot en 1908 et Saint-André en 1911, effectuant enfin la jonction.

Le train à vapeur originel, toujours en activité grâce à une association de bénévoles, a fait place à un autorail moderne rouge et orange.

Train des Pignes.

Parcours

LES ALPES DE HAUTE-PROVENCE

Station thermale

Réputée pour la culture de lavande, cette ville coule des jours heureux dans un environnement clément où ses curistes, séduits par ses eaux bienfaisantes, peuvent se refaire une santé.

En toutes saisons

Les skieurs se rendant au Val d'Allos connaissent par cœur ce petit village en bordure du lac de Castillon, avec une eau d'un bleu vert lumineux, frappée de plein fouet par le soleil d'été.

Un environnement boisé

Petit village qui abrite l'église Saint-Pierre, un lavoir et la fontaine de Diane. Entouré de belles forêts, il est le point de départ de nombreuses randonnées.

Pour prendre de la hauteur

Le long du fleuve du Var, cette petite ville fortifiée vaut le détour, pour admirer la belle vue depuis son éperon rocheux dominant tout le village provençal.

Le pays des Grès

Charmante bourgade cernée de « grès d'Annot ». Formée il y a près de 40 millions d'années, cette manifestation géologique unique dans la région suscite un intérêt grandissant des sportifs.

Celui-ci vient de prendre les couleurs bleues du réseau Zou, avec de nouvelles rames aux larges fenêtres offrant des vues panoramiques sur un défilé de paysages somptueux. Mais c'est toujours en sifflant qu'il annonce son arrivée dans les petites gares de briques rouges où il fait escale sur son trajet. Montagnes et gorges, cours d'eau et hameaux perchés se succèdent.

EN MARCHE ET ZOU EN VOITURE !

Prenez le temps de descendre, prenez le temps de monter. La précipitation n'est pas de mise ici. Depuis toujours le Train des Pignes prend son temps. D'ailleurs, une légende raconte que son nom lui vient du fait qu'il était si lent, que les voyageurs avaient le temps d'en descendre en marche pour ramasser des pommes de pin…

En réalité, il semble plutôt qu'il tire son nom des magnifiques pinèdes qu'il traverse. La ligne régulière du Train des Pignes, avec ses wagons modernes, fonctionne toute l'année. Les amateurs d'ambiance vintage attendent chaque année le retour du Train des Pignes à vapeur qui reprend du service entre mai et novembre/décembre, sur une portion de ligne entre Puget-Théniers (Alpes-Maritimes) et Annot en passant par Entrevaux et en poussant quelques dimanches jusqu'au Fugeret. C'est donc un voyage dans le temps qui s'ajoute à votre itinéraire… Une épaisse fumée précède l'arrivée de la locomotive aux banquettes en bois vernies et aux odeurs d'antan ! C'est l'occasion de vous immerger, à bord de wagons historiques, dans une atmosphère d'antan. On aurait presque envie d'enfiler des habits anciens avant de monter. D'ailleurs n'est-ce pas le provençal que l'on parle sur la banquette voisine ? À moins qu'il ne s'agisse de touristes étrangers, car ils sont nombreux sur cette voie en été.

Prenez le temps de profiter du paysage. Ça tombe bien, ce n'est pas un TGV ! Le Pignes Vapeur avale 300 m de dénivelé avec quelques rampes assez raides en parcourant 20 km en 1 h 20 !

Même le train régulier prend son temps. Il circule à une vitesse moyenne de 60 km/h. Avec 5 trains par jour, dans un sens comme dans l'autre, vous pouvez tracer votre propre route en composant avec le bus, le vélo, la marche et le train. Et pour prolonger encore le trajet, vous faites des haltes dans les villages de l'itinéraire. De Digne-les-Bains rejoignez Saint-André-les-Alpes en bus ou à vélo à assistance électrique pour les montées, puis monter à bord du train des Pignes (votre vélo voyage gratuitement) jusqu'à Puget-Théniers et retour vapeur jusqu'à Annot pour randonner par exemple !

Vous pouvez emprunter sur cette ligne la Grande Traversée des Préalpes (GRP® GTPA) qui traverse d'ouest en est les Alpes de Haute-Provence, d'ouest en est, en 9 jours en reliant à travers crêtes, cols et vallées, Sisteron, Digne-les-Bains, Annot et Entrevaux. En 5 jours, vous pouvez réaliser la partie de cette randonnée itinérante située entre Digne-les-Bains et Annot en croisant les gares desservies par le Train des Pignes. Pour l'anecdote, l'étape 4 du GRP® GTPA quitte Digne-les-Bains par les contreforts de la montagne du Cousson en suivant l'itinéraire historique emprunté par Napoléon en 1815. Cet itinéraire traverse les villages alpins d'Entrages, des Dourbes et de Tartonne, la vallée du Haut-Verdon et les châtaigneraies de Méailles, Le Fugeret et Annot. Pour l'aller ou le retour ou entre telle ou telle étape, vous pouvez bien entendu monter dans le Train des Pignes.

EN PASSANT PAR LES GRÈS D'ANNOT

Toutes les gares mériteraient une escale, mais certaines plus que d'autres. Ainsi en est-il de Saint-André-les-Alpes, porte d'entrée du lac de Castillon, lac de barrage alimenté par le Verdon, étiré vers le sud sur 10 km de long jusqu'à Castellane. Saint-André-les-Alpes est réputé pour la pratique du parapente. Les débutants prennent de la hauteur en binôme pour surplomber le lac lors d'un vol époustouflant.

Les Grès d'Annot.

Ancienne bourgade industrielle, Saint-André-les-Alpes prospéra au XIXe siècle autour de l'industrie drapière. Le parcours de découverte Patrimoine et draperie qui vous guide à travers la ville sur les traces de son histoire. Puis reprenez le train jusqu'au village médiéval d'Annot édifié au pied d'un site naturel classé et de ses falaises qui méritent un séjour de plusieurs jours. Les grimpeurs connaissent ce site pour ses blocs et ses voies d'escalade.

Vous êtes au sein d'une résurgence de grès dressée au milieu de montagnes calcaires. De la barre rocheuse en grès qui domine le village à l'est se sont écroulés d'énormes blocs de roche qui forment en contrebas des éboulis aux formes pittoresques. Classé depuis 1920, le site naturel des Grès d'Annot s'est formé il y a environ 40 millions d'années suite à des avalanches sous-marines de sable et de vase, ces grès furent fracturés lors de la formation des Alpes.

Au centre du village, l'église a été construite sur un éperon rocheux entre les torrents de la Vaïre et de la Beïte. Le village est entouré de terrasses de culture, d'abris sous roche mêlés aux blocs de pierre, de failles et de rochers sculptés aux formes évocatrices, sources de nombreuses légendes. Vous croisez la Dent du Diable, la Chambre du Roi, le défilé des Garambes, le Chameau des lumières, les rochers aux Cent Marches… Ajoutez l'ambiance magique de la forêt de châtaigniers centenaires qui profitent du sol acide de la rive gauche de la Vaïre. C'est un environnement naturel exceptionnel qui vous accueille. Ce site atypique est riche en espèces rares et protégées. Parmi la flore endémique spécifique, on peut citer le Phagnalon des rochers et la centaurée de Jordan.

Le Village d'Annot.

© DAMIANO MOZZATO_EYEEM - STOCK.AOBE

Mais ce que les naturalistes viennent surtout étudier ici ce sont les variétés de chauves-souris.

De nombreux sentiers balisés et thématiques partent du village. Le plus célèbre d'entre eux est le sentier des Grès d'Annot. Cette boucle de 3 h de marche et 350 m de dénivelé positif, itinéraire à grand spectacle et ambiance féérique, est un enchantement.

Vous quittez la ville par des petites rues pittoresques avant de grimper dans la forêt de châtaigniers au milieu d'énormes blocs de grès. Puis c'est l'étroit défilé des Garambes et la grotte de la Chambre du Roi, une corniche un peu vertigineuse, un plateau boisé, une arche rocheuse… Pas une minute d'ennui ! Mais si vous voulez vous faire vraiment plaisir, venez hors saison pour éviter la chaleur estivale, admirer la flore de printemps ou les couleurs de la châtaigneraie en l'automne. Les périodes d'enneigement rendent les sentiers du site naturel des Grès d'Annot difficilement praticable. En période d'enneigement, il n'est guère envisageable de s'y aventurer.

ESCALE À ENTREVAUX CITÉ PERCHÉE ET GOURMANDE

Le Train des Pignes poursuit sa route jusqu'à Entrevaux, ancienne ville fortifiée, construite sur un éperon rocheux dominant le Var. Sa citadelle perchée aux impressionnantes fortifications, marque le paysage.

© NOAK/LEBARFLOREAL

UN TRAIN À VAPEUR

animé par des bénévoles

Le 3 juillet 1911, un train à vapeur inaugurait la ligne des Chemins de fer de Provence et rapprochait les Alpes-Maritimes des Alpes-de-Haute-Provence. Un siècle plus tard, une association de passionnés, sous l'appellation de GECP (Groupe d'Étude pour les Chemins de fer de Provence), a redonné vie à ce patrimoine ferroviaire exceptionnel, en le rénovant et le valorisant.

Anciens cheminots et passionnés du monde ferroviaire ont mené de nombreuses recherches et d'importants travaux pour remettre sur le rail leur train à vapeur. C'est grâce à eux que vous pouvez aujourd'hui emprunter le train à vapeur d'antan. Régulièrement, ces bénévoles organisent des animations vous donnant l'occasion de voyager à bord de trains à thèmes ou de découvrir des évènements dans les villages. Embarquez pour la Fête de la nature du Fugeret, début mai. Il y a aussi le Train de la Danse avec des animations dansantes durant les arrêts. Le train de la Saint Fortunat d'Annot, une fête qui se déroule le week-end de Pentecôte depuis 1675, avec fête foraine, fanfare et défilé d'un bataillon en costume napoléonien.

En juin, c'est le Train de la Musique avec une balade historique et différents thèmes musicaux qui vous accompagnent jusqu'à Annot au rythme des voyages d'autrefois. En automne, il y a un train pour les Journées européennes du Patrimoine, le Train d'Halloween avec distribution de bonbons par l'équipe des bénévoles. Les passagers aussi se déguisent ! La saison se termine avec la Fête de la Châtaigne à l'occasion de laquelle le Train des Pignes à Vapeur poursuit son voyage jusqu'au Fugeret pour le marché de producteurs locaux avec animations tout au long de la journée.

Pour une bonne mise en jambe avant de randonner rien de tel que la montée de la calade jusqu'au sommet de la Citadelle, à 156 m de haut au-dessus du village. Après 30 minutes d'ascension, par le chemin pavé imaginé par Vauban, c'est un panorama à 360° avec vues imprenables sur le village et la vallée. La cathédrale Notre-Dame-de-l'Assomption, intégrée aux remparts, surprend par le contraste entre son architecture gothique et une décoration baroque chatoyante.

Le paysage est également marqué par la culture de l'olivier en restanque sur les coteaux. Comme dans la majorité des Alpes-de-Haute-Provence, la variété que l'on trouve ici est l'aglandau qui donne une huile au fruité vert. Le moulin à huile communal historique reprend du service en février pour produire l'huile de ses adhérents d'un syndicat oléicole. Sa visite plaît aux familles à travers une application gratuite avec jeux interactifs pour les enfants, vidéos et témoignages du passé. Vous saurez tout de la tradition de la beignette. Au moulin à huile d'Entrevaux, après une journée de presse on déguste l'huile nouvelle sur des croûtons de pain frottés à l'ail et baignés dans une assiette d'huile d'olive ! Suivez la randonnée au cœur des terrasses d'oliviers, le long du fleuve Var sur des chemins longeant les oliviers cultivés en restanque sur des pentes bien exposées, traversant le pittoresque quartier des oliviers, avec ses petits potagers aux cabanons charmants. Entrevaux recèle d'autres secrets. Connaissez-vous la secca d'Entrevaux ? Réputée au-delà des remparts, cette viande de bœuf séchée, secca en provençal, se déguste aujourd'hui de multiples façons. Par exemple : avec du melon ou en salade avec des tomates et des lamelles de parmesan. Auparavant, la viande bovine était peu consommée sur le territoire. Le sacrifice des animaux ne pouvait se faire que par le gabelier municipal.

Nous avons gardé le meilleur pour la fin ! Du moins, cela plaira aux passionnés de train à vapeur. Le Train des Pignes Vapeur programme quelques stages à la découverte des métiers de la vapeur, vous êtes à bord de la locomotive historique « Portugaise E211 », en immersion avec l'équipe de conduite sur une ligne de montagne. Le stage se déroule sur deux journées avec une formation sécurité ferroviaire, le convoyage, le repas du midi avec l'équipe du train, une nuit dans un hôtel, face à la gare de Puget-Théniers, le petit déjeuner avec l'équipe de la locomotive. Une expérience unique.

Citadelle d'Entrevaux

LES BONNES ADRESSES SUR LE PARCOURS

- **Train des Pignes**
✆ 04 97 03 80 80
pour un départ de Nice,
✆ 04 92 31 0 158
pour un départ de Digne-les-Bains.
Pour le train des Pignes à vapeur possibilité de billet combiné train régulier et train vapeur : www.traindespignes.fr

- **Camping la Ribière**
3 étoiles.
Avec des chalets, des mobil-homes, des coco-sweets.
Route du Fugeret
04240 Annot
✆ 04 92 83 21 44

- **Hôtel de l'Avenue**
Avenue de la Gare
04240 Annot
✆ 04 92 83 22 07

- **Hôtel Le Beauséjour**
Place du Revelly
04240 Annot
✆ 04 92 83 21 08

- **Camping du Brec**
Le Brec
04320 Entrevaux
✆ 04 93 05 42 45

- **Le gîte du Meunier**
24 route de Félines
04320 Entrevaux
✆ 04 93 05 46 73

- **Gîte d'étape de la Poste**
112 place Moreau
04320 Entrevaux
✆ 04 93 05 46 73

- **GAEC de la Moutonnière Quartier Les Tournias**
04170 Saint-André-les-Alpes
✆ 06 74 99 34 07

- **Au Magasin Paysan**
Place du Revelly
04240 Annot
✆ 04 92 83 57 10

- **Rigault et cie**
Chemin de la Beite
04240 Annot
✆ 04 92 83 22 27

- **Chez Mag**
78 place Moreau
04320 Entrevaux
✆ 06 29 56 35 69

- **Les Vergers d'Entrevaux**
Plan de Puget
04320 Entrevaux
✆ 06 07 80 60 10

- **La Pain d'épicerie**
7 rue du Marché
04320 Entrevaux
✆ 06 51 21 69 08
www.lapaindepicerie.com

En étoile AUTOUR D'AVIGNON *sans voiture*

VENEZ SANS VOITURE ! DANS L'ESPRIT D'UN ÉCOTOURISME INVENTIF. GRAND AVIGNON DESTINATIONS, CAMP DE BASE JUDICIEUX POUR DÉCOUVRIR UNE PROVENCE MULTIPLE. DANS UN RAYON DE 50 KM, VOUS AVEZ DES SITES UNIQUES, DES ESPACES NATURELS GRANDIOSES ET UN TERROIR À PARTAGER…

POSEZ VOS VALISES, CÔTÉ COUR POUR PROFITER DU PATRIMOINE ET DE L'AMBIANCE D'AVIGNON, OU CÔTÉ JARDIN POUR LA QUIÉTUDE PROVENÇALE D'UN VILLAGE LIMITROPHE. PUIS, PRENEZ UN SAC À DOS ET CHOISISSEZ UN ITINÉRAIRE ALENTOUR. AU PROGRAMME DES SAUTS DE PUCE DE DEUX OU TROIS JOURS EN MARCHANT, EN CANOË, À VÉLO, EN RAPPEL…

COMMUNES TRAVERSÉES :

AVIGNON, PORT-SAINT-LOUIS, ARLES, AVIGNON, PERNES-LES-FONTAINES, SAINT-SATURNIN-LÈS-AVIGNON, VELLERON, PERNES-LES-FONTAINES, SAINT-DIDIER, VENASQUE, BLAUVAC- LAGARDE D'APT (OBSERVATOIRE SIRENE), CAVAILLON, AVIGNON, LE THOR, ENTRAIGUES-SUR-LA-SORGUE, BÉDARRIDES, SORGUES, ÎLE DE LA BARTHELASSE, VELLERON, LA ROQUE-SUR-PERNES, LE BEAUCET, VENASQUE, SANCTUAIRE DE SAINT GENS, VELLERON.

L'Agglomération du Grand Avignon a choisi d'orienter sa stratégie touristique vers une offre plus humaine, plus douce et écoresponsable en valorisant le tourisme vert et les déplacements doux. Cette volonté du territoire colle avec les orientations des visiteurs soucieux de revenir à l'essentiel et au naturel. Le Grand Avignon suggère des séjours itinérants sous la forme de micro-aventures à vivre en étoile depuis la cité des papes. Les échappées proposées ne séduisent pas que les touristes. Même les Avignonnais peuvent être surpris et émerveillés par ces escapades ! Vous êtes arrivé à Avignon en TGV ou en TER. Bien vu, car les échappées proposées se font sans voiture. Prenez tout d'abord deux ou trois jours pour découvrir le camp de base et préparer vos circuits au cœur d'un territoire richement doté en logements et services. Ici, il y en a pour tous les goûts et tous les budgets. Même le bivouac peut être envisagé dans certains espaces de nature, du moins hors période estivale. D'ailleurs l'été, les risques d'incendie réduisent les possibilités d'exploration des espaces forestiers. De toute façon, préférez les ailes de saison pour vos séjours. Le long du Rhône, Avignon en ses remparts avec sa cité épiscopale classée au patrimoine mondial de l'Humanité par l'UNESCO, ses places, ses ruelles et ses monuments historiques retient tout d'abord les visiteurs. Prenez le temps de tester deux ou trois petites cantines conviviales du centre ancien (voir adresses plus bas), allez faire votre marché aux Halles. Leurs petits restaurants font volontiers cuire pour vous le poisson ou le morceau de viande que vous venez d'acheter. Ou attablez-vous en ville à la table d'un restaurant de gastronomie provençale.

Aussi emblématique que le Palais des Papes, il y a le pont d'Avignon ! Allez le saluer avant de prendre le bac à traille qui assure la liaison, de mi-février à fin décembre, avec l'île de la Barthelasse. L'occasion d'une mini-croisière avec vue sur le pont. Vous accostez sur la plus grande île fluviale d'Europe, étirée entre les deux bras du Rhône, le petit et le grand. L'île de la Barthelasse, c'est la campagne à la ville et réciproquement. Des sentiers pédestres ombragés dans la forêt fluviale ou au soleil à travers les cultures sillonnent cette île pittoresque. Une partie des berges est classée à l'inventaire des Richesses Naturelles en tant que ZNIEFF, Zone naturelle d'intérêt Écologique, Faunistique et Floristique. Celle-ci recèle une belle biodiversité avec oiseaux nicheurs, hérissons, musaraignes, fouines et blaireaux, loirs et castors, mais aussi éperviers, hérons cendrés, canards plongeurs, colverts, cormorans. Au sein de ses 700 ha de calme et de verdure, l'île compte tout de même un millier d'habitants éparpillés dans de petits hameaux, parmi eux de nombreux agriculteurs et viticulteurs. Protégée de l'urbanisation, car inondable, l'île reste en grande partie agricole. Pour en faire le tour, rien de mieux que le vélo, c'est plat et il y a de nombreuses pistes cyclables dont l'itinéraire de 13 km, la Balade à vélo de l'île de la Barthelasse. Vous pourrez acheter des produits locaux à la ferme La Reboule, visiter la distillerie Manguin, ou simplement vous balader au milieu des vergers et même dormir sur l'île en chambre d'hôte, gîtes, hôtels, camping ou même à l'auberge de jeunesse. Inutile de dire que lors du Festival d'Avignon, tous les hébergements sont pris d'assaut.

Vous avez bien profité des richesses avignonnaises ? La notion de camp de base prend alors son sens. Les opportunités d'échappée sont nombreuses à moins de 50 km. Partez chaque matin à l'assaut d'une nouvelle contrée pour un jour ou deux dans le Luberon, les Alpilles, la Camargue… Voici détaillées 4 idées d'escapade.

ALLER DORMIR CHEZ LES GRUES CENDRÉES

Vélo et observation ornithologique au programme. La mer n'est pas si loin que ça d'Avignon, juste au bout de la Camargue. La bonne idée c'est d'y aller en hiver, lorsque les grues cendrées y font escale dans leur grande aventure migratoire. En amont, téléchargez sur le site du Parc naturel régional de Camargue, une carte de la Camargue avec la localisation des principaux sites d'observation des oiseaux. Pour rejoindre la Camargue et la mer, les cyclistes suivent le Rhône jusqu'à son delta en empruntant la voie verte de la ViaRhôna jusqu'à Arles, puis Port-Saint-Louis-du-Rhône. D'Arles on peut aussi rejoindre directement Salin-de-Giraud et l'étang de Vaccarès par les petites routes. Alors que le delta du Rhône se rapproche, la lumière baisse et le ciel se colore de rose et de violet. Le bleu des étangs et les ocres des roseaux complètent le tableau. La Camargue sort le grand jeu. Le vent est glacé. Normal c'est l'hiver ! Heureusement, vous êtes bien équipé, gants, veste chaude, bonnet, écharpe… Vous n'avez pas oublié les jumelles pour observer les oiseaux. Mais avant, il faut reprendre des forces. Une daube de taureau vous aidera ! Puis une bonne nuit de sommeil. Au petit matin, les grues cendrées sont les vedettes du spectacle avec leur vol en V, mais des dizaines d'autres espèces d'oiseaux sont également au rendez-vous : hérons, aigrettes, cygnes, oies cendrées… Les mammifères aussi. On croise un sanglier, mais on reste méfiant… Dans la roselière, on admire en passant les taureaux et les chevaux camarguais. Les mains sur le guidon, les yeux aux aguets, l'affût est largement récompensé, c'est un festival ! Les petites départementales du delta sont calmes, rien à voir avec l'affluence des voitures en été. À Arles, prenez le TER avec votre vélo pour rentrer sur Avignon en 20 minutes. L'option TER peut aussi être adoptée à l'aller !

PÉDALER JUSQU'AUX ÉTOILES

Une aventure taillée pour les cyclistes sportifs de 2 ou 3 jours mi-route, mi-piste, entre le pays du Ventoux, le plateau d'Albion et le Luberon.

Parcours AUTOUR D'AVIGNON

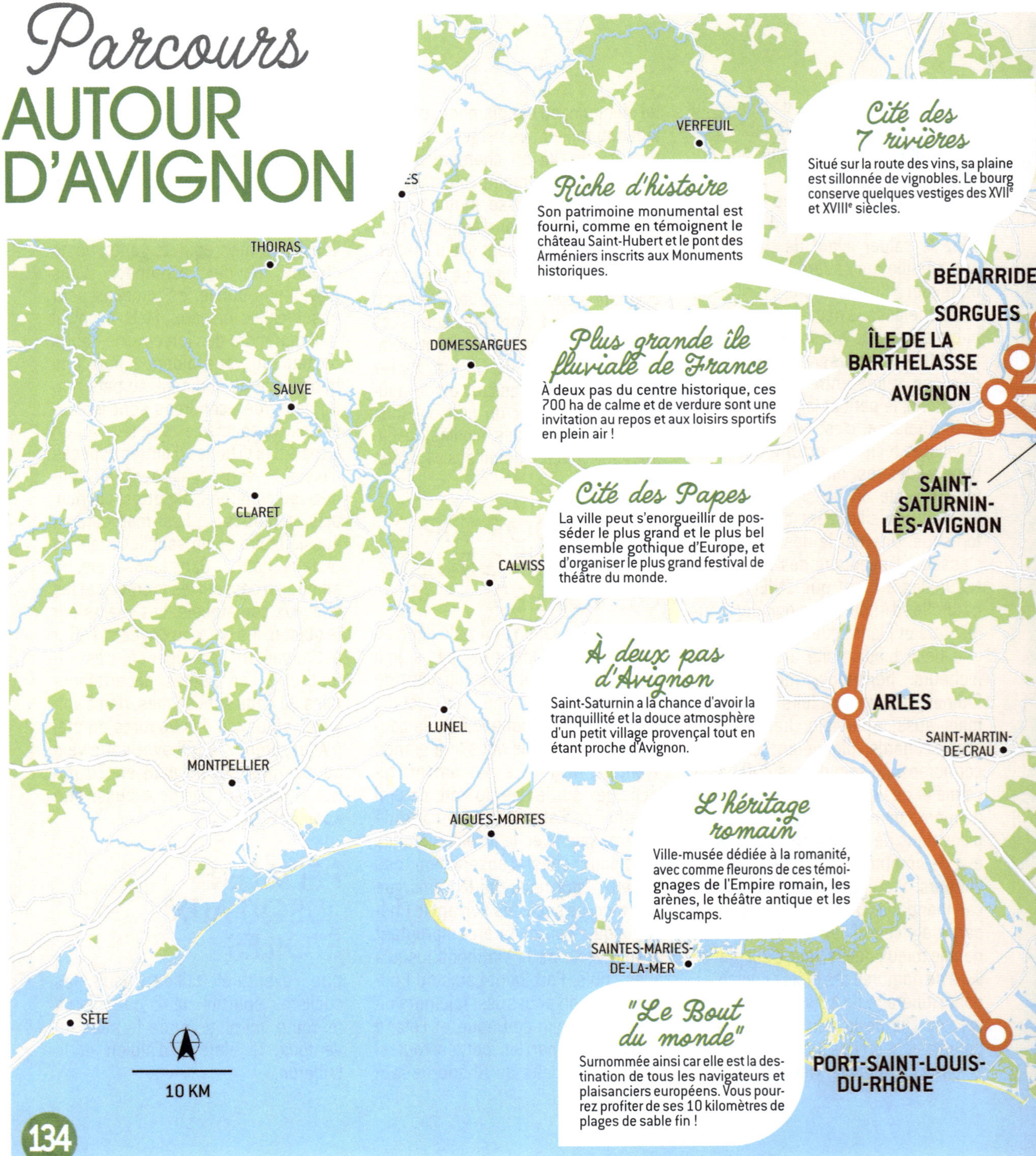

Cité des 7 rivières

Situé sur la route des vins, sa plaine est sillonnée de vignobles. Le bourg conserve quelques vestiges des XVIIe et XVIIIe siècles.

Riche d'histoire

Son patrimoine monumental est fourni, comme en témoignent le château Saint-Hubert et le pont des Arméniers inscrits aux Monuments historiques.

Plus grande île fluviale de France

À deux pas du centre historique, ces 700 ha de calme et de verdure sont une invitation au repos et aux loisirs sportifs en plein air !

Cité des Papes

La ville peut s'enorgueillir de posséder le plus grand et le plus bel ensemble gothique d'Europe, et d'organiser le plus grand festival de théâtre du monde.

À deux pas d'Avignon

Saint-Saturnin a la chance d'avoir la tranquillité et la douce atmosphère d'un petit village provençal tout en étant proche d'Avignon.

L'héritage romain

Ville-musée dédiée à la romanité, avec comme fleurons de ces témoignages de l'Empire romain, les arènes, le théâtre antique et les Alyscamps.

"Le Bout du monde"

Surnommée ainsi car elle est la destination de tous les navigateurs et plaisanciers européens. Vous pourrez profiter de ses 10 kilomètres de plages de sable fin !

Bordé par la Sorgue

Patrimoine lié à l'eau avec ses anciens moulins et usines, ne manquez pas la tour des Templiers du XIIe siècle et les vestiges du rempart du XVIe.

Ville d'eau

« Entre toutes, elle brille par la grâce de Dieu », voici pour la maxime de la ville ! Il est vrai qu'elle est remarquable avec ses 41 fontaines !

À l'ombre des arbres

Est-ce le château Renaissance, les vieilles fontaines, son porche en pierre qui lui donnent cette atmosphère de langueur ? ou l'allée de platanes ?

Village perché

C'est ici que vous aurez la plus belle vue sur le mont Ventoux et les gorges de la Nesque. Tout en haut, le château médiéval, récemment restauré.

Au top !

Ce village situé sur le plateau d'Albion est le plus élevé du département (1 100 m) et l'un des moins peuplés. Lagarde est le domaine des grands espaces.

Ancienne cité médiévale

Son charme, il le doit à ses vieilles pierres et à son implantation dans un paysage harmonieux. Son baptistère serait le plus vieux bâtiment religieux de la région.

Chapeau, melon !

Porte du Parc naturel régional du Luberon, la ville est entourée d'une plaine agricole où pousse le fameux melon. Ne manquez pas la grande fête qui le célèbre chaque année en juillet.

Coin de paradis

Véritable crèche provençale avec ses maisons troglodytiques accrochées à un roc, ce village est connu pour l'ermitage de Saint-Gens et son pèlerinage.

À flanc de montagne

Splendide petit village fortifié. Montez tout en haut du chemin pour le paysage panoramique. Au sommet, un vieux château est accroché au roc.

Au cœur de la Provence

Capitale du raisin de table, le chasselas. Des remparts moyenâgeux subsistent la porte du beffroi et dans la campagne environnante, les fabuleuses grottes de Thouzon.

Un marché agricole d'exception

Cette ancienne station thermale a connu la prospérité au siècle dernier. Aujourd'hui, il accueille l'un des 100 plus beaux marchés de France.

Cette épopée cycliste est réservée aux habitués du vélo qui n'ont pas peur de grimper, car elle cumule tout de même près de 2 000 m de dénivelé positif ! Objectif, ni plus ni moins que la lune et les étoiles depuis l'observatoire astronomique du plateau d'Albion connu pour son ciel pur, sans aucune pollution lumineuse, qui permet de superbes observations nocturnes. D'Avignon, direction le plateau d'Albion en passant par les monts du Vaucluse pour le premier jour. On zigzague d'abord entre champs et canaux en empruntant de petites routes qui mènent de place de village en place de village. Saint-Saturnin-lès-Avignon, Velleron, Pernes-les-Fontaines, Venasque… Après Blauvac, on quitte la route pour une piste de terre longeant les gorges de la Nesque, beau canyon provençal. Au loin, le sommet du Ventoux. La piste grimpe raide jusqu'à Lagarde d'Apt et l'Observatoire astronomique SIRENE, à 1 100 m d'altitude, en bordure du Parc naturel régional du Luberon, à la limite entre Vaucluse et Alpes-de-Haute-Provence. Mais le site vaut le coup de pédale. La nuitée aussi, en version bivouac sur le terrain plat de la chapelle Notre-Dame-de-Lamaron. On peut aussi s'installer au camping municipal du Seuil à Saint-Christol selon la saison. Vous aurez été bien inspiré de réserver une soirée à l'Observatoire astronomique ! À l'aide de grands télescopes et de guides passionnés par le sujet, c'est une autre balade, celle-ci céleste, qui commence. Et ça vaut le coup de pédale ! Il ne restera plus qu'à savourer la descente le lendemain à travers le petit Luberon pour regagner Avignon.

DE LA SORGUE À L'OUVÈZE AU FIL DE L'EAU

Un itinéraire en boucle depuis Avignon, accessible au plus grand nombre. À pied et en canoë, on suit la Sorgue puis l'Ouvèze pour 2 jours rafraîchissants. Le premier jour, longue journée de marche facile de 26 km à plat, sur des sentiers bucoliques. Le lendemain, après une petite marche d'approche de 4 km, on attaque une descente de 12 km en canoë, très facile, sur un tronçon sauvage et peu fréquenté de l'Ouvèze. Avant de partir, vous devez organiser la location de votre canoë (48 h minimum à l'avance). Le parcours sur l'Ouvèze que vous allez emprunter est nouvellement proposé par le Comité du Vaucluse de canoë-kayak. L'aventure commence au petit matin à la gare d'Avignon centre, en prenant un TER pour rejoindre Le Thor en 20 min. Cette jolie petite ville provençale aux vestiges moyenâgeux avec remparts, château et même une église romane offre un beau point de départ. Votre randonnée longe la Sorgue, emprunte une petite portion de route goudronnée puis, au niveau de Trévouse, un chemin dans la garrigue. Vous marchez au milieu des champs, l'horizon à profusion. À Entraigues-sur-la-Sorgue, vous prenez de la hauteur par une montée un peu raide sur la colline de Sève pour le panorama avant de redescendre pour rejoindre un sentier de berge ombragé. Les pêcheurs sont à pied d'œuvre et on respecte leur silence. Vous pouvez aussi gagner 5 km et éviter la grimpette en coupant à travers la ville sans passer par la colline. Certains mollets apprécieront ! D'ailleurs si c'est mercredi, jour de marché, vous apprécierez de flâner tranquillement à Entraigues-sur-la-Sorgue.

À Bédarrides où vous passez la nuit, la Sorgue rejoint l'Ouvèze et votre itinéraire change de rivière. Vous apprécierez un dîner dans l'un des restaurants des quais de l'Ouvèze. À Bédarrides, les hébergements tirent vers le luxe ! La Bastide est une adresse de grand charme dans le vieux centre, Es aqui, à l'écart, au bord de l'Ouvèze, charmant aussi et un peu plus abordable. Quoi qu'il en soit, votre escale sera agréable. Puis autre jour, autre rivière. Dans la fraîcheur du matin, vous longez l'Ouvèze à pied jusqu'à Sorgues où vous attendent vos canoës. Vous embarquez sous le pont du village en saluant au passage les habitants au spectacle. Et c'est parti pour une demi-journée au fil de l'eau, réjouissante et apaisante, pour rejoindre Avignon. Rivière calme et accueillante, l'Ouvèze ne vous veut aucun mal, mais vous invite par quelques soubresauts à garder votre vigilance. Sinon ce n'est pas marrant ! Vous croisez des berges sauvages où s'épanouit une flore caractéristique des zones humides et des forêts fluviales. Ici, vivent des libellules, des oiseaux et de petits mammifères aquatiques. Votre embarcation est silencieuse, vous aurez le loisir de les observer.

© NOAK/LEBARFLOREAL

CLAIRE PROST

Rayonner en Avignon

Après avoir exercé dans les Vosges, durant 17 ans, Claire Prost a rejoint le sud en 2019 pour prendre la direction de l'office de tourisme du Grand Avignon. Il s'agissait d'approfondir une stratégie de développement écotouristique : « *Nous devions valoriser ce qui distingue ce territoire et sa capacité de fabuleux camp de base pour découvrir la Provence. Nos visiteurs venaient pour le festival ou juste de courts séjours. Il fallait les retenir et développer un tourisme aux 4 saisons avec des escapades alentour en profitant de la richesse et de la variété de notre environnement. Notre territoire coche toutes les cases avec une nature exceptionnelle, un bon réseau de transports en commun et de sentiers balisés, des producteurs et des restaurateurs qui enchantent les papilles, une myriade de petites adresses authentiques et conviviales.* » Claire Prost et son équipe se sont attachées à imaginer des itinéraires à 50 km à la ronde d'Avignon, sans voiture. À pied, à vélo, en canoë à la découverte des joyaux du territoire que sont les Alpilles, le Luberon, la Camargue… Et c'est tout un réseau de socio-professionnels de la filière qui défend et valorise une Provence accueillante et réconfortante. Et ceci pas uniquement pour les visiteurs. « *Nos propositions concernent aussi les habitants qui sont invités à (re) découvrir leur pays au naturel en partant à la découverte de pépites hors des sentiers battus. Il faut surprendre, réjouir, régaler, émerveiller.* » Un beau programme pour Claire Prost qui a vite pris ses marques et apprécie chaque jour un peu plus les atouts de son nouveau domaine d'exploration.

Puis l'Ouvèze rejoint le Rhône. Plus large, plus puissant, celui-ci nous porte jusqu'au cœur d'Avignon, puisque vous débarquez sur l'île de la Barthelasse. Ravis !

LES MONTS DU VAUCLUSE AVEC DESCENTE DE CANYON SEC

Cette randonnée pédestre, dite *Vaucluse sans faille*, à effectuer au printemps ou à l'automne, vous séduira si vous êtes un marcheur sportif appréciant un environnement minéral de roche calcaire. En 3 jours, vous totalisez 45 km et 1 350 m de dénivelé positif à travers les monts de Vaucluse, avec une descente de canyon sec vertigineuse. Sac au dos, vous enfilez les dénivelés positifs avec des points de vue enchanteurs et les dénivelés négatifs au gré de combes profondes qui offrent des sensations fortes.

Votre première journée de marche s'effectue au départ de Velleron entre garrigue et sentiers forestiers. Vous croisez les villages perchés de La Roque-sur-Pernes et du Beaucet, où la roche est omniprésente et laisse deviner la présence d'une eau souterraine. Visible ou cachée, l'eau est le fil rouge de cet itinéraire sauvage. Depuis le canal de Carpentras et les enchevêtrements des bras de la Sorgue de Velleron, la randonnée se poursuit à travers gorges, failles et canyons sans eau. Celle-ci s'écoule à 20 000 lieues sous la terre. Et c'est toute l'histoire géologique des massifs calcaires du Vaucluse révélée. Sec en apparence, le territoire couvre un immense bassin d'alimentation dont les eaux souterraines convergent vers l'une des plus importantes sources karstiques d'Europe : Fontaine de Vaucluse.

Le deuxième jour, c'est l'aventure au cœur du canyon de Campredon. Du moins, si vous avez organisé cela en amont, car la descente de ce canyon sec, étroit et profond, s'effectue avec des guides spéléologues pour vous assurer lors des passages en rappel, baudriers, cordes et mousquetons à l'appui. Après une marche d'approche de 25 minutes sur un sentier caillouteux (autant au retour), vous progresserez au cœur du canyon, alternant entre marche agile de rocher en rocher et descente en rappel. Vous glissez ainsi le long de 6 descentes successives et terminez par un rappel de 25 m de haut. Ambiance presque spéléologique. Vous progressez à la verticale au fond d'un canyon creusé par l'eau au fil des millénaires. Sportif, impressionnant et très ludique ! Rares sont les grimpeurs locaux, sachant qu'on peut évoluer dans le canyon sec de Campredon. C'est pourtant une belle expérience, le long de parois étroites et de cascades où l'eau ne s'écoule plus depuis fort longtemps.

Une seconde nuit à Venasque vous permet de vous remettre de vos émotions. Si les guides vous accompagnent durant le passage du canyon, le reste de votre randonnée, le troisième jour, comme le premier, se fait en autonomie. Direction Velleron pour boucler l'itinéraire avec une halte sur le chemin au sanctuaire de Saint Gens à 3 km du Beaucet, dans une garrigue piquée de chênes verts et d'oliviers. Selon la légende, le futur saint Gens y aurait fait jaillir une source en apposant son index sur une roche. Cette source miraculeuse au sein d'un site naturel préservé fait l'objet d'un pèlerinage en mai. Velleron est un village idéal pour poser ses valises quelques jours avant ou après l'aventure. On y retrouve toute l'ambiance d'un village provençal connu pour la qualité de son terroir et son célèbre marché agricole.

Le Beaucet.

© NOAK/LEBARFLOREAL

CLÉMENT COPPEAU

Agriculteur sur l'île de la Barthelasse

Maraîcher au sein de la ferme la Reboule, Clément Coppeau travaille au champ avec vue sur le palais des papes et le pont d'Avignon. Il ne regrette pas d'avoir repris la ferme avec ses frères Numa et Mathieu en 2007. « *J'aime avoir les mains dans la terre, surtout dans cet environnement, je n'imagine pas de vie plus belle.* »

Déployée sur une dizaine d'hectares autour d'un mas provençal historique, l'exploitation familiale produit et commercialise des fruits et légumes depuis 3 générations. « *Mon père fut un pionnier de la vente directe, adoptée ici dès 1985. Nous avons des clients fidèles qui viennent toutes les semaines, toute l'année. Nous privilégions la qualité gustative plutôt que l'esthétique. Nous privilégions aussi la diversité.*

Par exemple pour les tomates nous avons 40 variétés. Au fil des saisons, ce sont 150 variétés de légumes et aromates proposées, poivrons, aubergines, courgettes, concombres, melons, fraise, haricots, pois, courges, pommes de terre, ail, oignons, choux, salades, asperges, artichauts, coriandre....

Nous attachons aussi de l'importance aux relations humaines. L'ambiance est conviviale et détendue, et les échanges plaisants avec la clientèle. Entre travailleurs aussi. » En été, la ferme voit passer un millier de clients par semaine. Certains prennent la navette fluviale depuis Avignon avec leurs paniers et viennent par le chemin à pied en 1/4 d'heure de marche. En hiver, la clientèle tombe à 300 ou 400. « *Nous avons fait le choix d'une agriculture raisonnée plutôt que biologique. Mais notre environnement, avec tout autour des espaces naturels protégés, participe à la magie de l'île.* »

© NOAK/LEBARFLOREAL

JÉRÔME ZINDY

Vélo-reporter en Provence

Journaliste vidéaste originaire d'Alsace, Jérôme Zindy passe désormais une grande partie de son temps en Avignon, son terroir de cœur, et vient de sillonner la Provence en tant que vélo-reporter, une fonction qu'il a imaginée et qu'il exerce depuis 2020 : « *Je suis animateur et réalisateur spécialisé sur l'environnement et organise des rencontres et des aventures filmées à vélo. Ceci en m'attachant à limiter l'impact environnemental de mes productions.* » Avec son vélo à assistance électrique équipé de batteries dans les sacoches et de capteurs solaires à l'avant, inutile de dire qu'il ne passe pas inaperçu et suscite questions et sympathie.

Spécialisé sur les thématiques environnementales, il vient de réaliser une série documentaire pour les 9 Parcs naturels régionaux de la Région Sud, Camargue, Port Cros, Alpilles, Luberon, Préalpes d'Azur, etc. Pour cela, il a effectué un périple de 1 000 km en pédalant, lors d'un tournage vidéo zéro carbone : « *L'objectif était de documenter des initiatives autour de l'écotourisme. J'ai rencontré des habitants et des professionnels impliqués dans la vie des parcs provençaux qui donnent un visage vivant du territoire.* »

Cette mission d'un Parc à l'autre visait également la promotion du vélo et des énergies renouvelables en suscitant l'intérêt autour d'un projet inédit. Le vélo de Jérôme Zindy est un prototype d'autonomie : « *Je peux charger mes équipements vidéo, mon ordinateur et mon téléphone.* » Son itinéraire d'un parc à l'autre s'inscrit dans la démarche de développement de l'écotourisme menée par les Parcs naturels avec le soutien de la Région Sud.

LES BONNES ADRESSES SUR LE PARCOURS

- **Auberge de jeunesse Bagatelle**
25 Allée Antoine Pinay
Ile de la Barthelasse
84000 Avignon
✆ 04 90 86 30 39

- **Chez Françoise**
6 rue du Général Leclerc
84 000 Avignon
✆ 04 32 76 24 77
(ouvert tous les jours dès 8h, fermé le dimanche)

- **Hygge**
25 place des Carmes
84000 Avignon
✆ 04 65 81 06 87 (du lundi et samedi, 11h à 15h)

- **Ferme de la Reboule**
1250 chemin de la Barthelasse
84000 Avignon
✆ 06 77 36 29 71

- **Natura Resort**
Lieudit le Mazet
13230 Port Saint-Louis-du-Rhone
✆ 04 86 17 68 81

- **Le Mas d'Alivon Le Paty de la Trinité**
13200 Arles
✆ 04 90 97 11 55

- **Camping Municipal le Seuil**
Route d'Apt
84390 Saint-Christol
✆ 04 90 75 01 05

- **La Bastide de Clara-Lou**
7bis, place des Tisserands
84370 Bédarrides
✆ 07 69 64 24 84

- **Es Aqui**
2 chemin de la Valentine
84370 Bédarrides
✆ 06 11 75 75 50

- **Les Maisons Mado**
61 rue de l'Hôpital
84 210 Venasque
✆ 06 84 78 64 90
✆ 06 84 78 64 90
(de mi-mars à fin décembre)

- **Bed and Bike**
250 allée des entrepreneurs
84210 Venasque
✆ 06 89 97 53 64

- **La table de M's**
719 route de Carpentras
84320 Entraigues-sur-la-Sorgue
✆ 09 50 61 63 22

- **Le Glacier de Velleron**
391 avenue des Sorgues
84740 Velleron
✆ 06 77 38 15 39

- **Plein Air**
2847 Route de Gordes
84210 Venasque
✆ 09 82 12 59 78

- **Les pains volants**
127 Cr Gambetta
84250 Le Thor
✆ 06 16 84 02 32

- **L'Épicerie Originale**
122 grand Rue
Venasque
✆ 04 90 66 11 33

- **Pour une sortie naturaliste en Camargue autour des oiseaux**
Bureau des Guides Naturalistes :
✆ 06 95 90 70 48

- **Pour louer un canoë pour l'Ouvèze**
✆ 04 28 70 27 27 ou
✆ 06 11 52 16 73
www.canoe-vaucluse.fr

- **Contacter les guides spéléo pour le canyon de Campredon**
Bruno Fromento de Camina Terra
✆ 06 08 23 93 00
Adrien Gaubert d'Aventure Souterraine
✆ 06 32 97 34 79

Le sentier du littoral de SAINT-TROPEZ À GIGARO

C'EST NOTRE PARCOURS LE PLUS BLING-BLING, CLIN D'ŒIL À SAINT-TROPEZ. MAIS, NOUS N'ALLIONS PAS NOUS PRIVER D'UN JOYAU DE NATURE MÉDITERRANÉENNE, SAUVAGE, SOMPTUEUSE ET PRÉSERVÉE DE HAUTE LUTTE. MÊME AU SEIN D'UN GOLFE SYMBOLE DE FÊTE, YACHT ET GROSSE FORTUNE, IL EST POSSIBLE DE GOÛTER AU NATUREL À UN ENVIRONNEMENT MÉDITERRANÉEN MAGIQUE.

D'AILLEURS, SUR LE SENTIER DU LITTORAL, VOUS CROISEZ AVANT TOUT DES RANDONNEURS SOUCIEUX D'UNE IMMERSION DANS LA NATURE. AU PRINTEMPS, LA FLORE EXPLOSE, EN ÉTÉ, LA SUR-FRÉQUENTATION TOURISTIQUE PEUT GÂCHER LE PAYSAGE, PUIS EN AUTOMNE, LE CALME REVENU, CE SONT D'AUTRES PAYSAGES À DÉGUSTER. EN HIVER, EMMITOUFLÉ CONTRE UN VENT GLACÉ, C'EST ENCORE UNE AUTRE AMBIANCE. DE PART ET D'AUTRE DU SENTIER C'EST UNE GARRIGUE ODORANTE ET DIVERSIFIÉE. VOUS CHEMINEZ SUR UNE QUINZAINE DE KILOMÈTRES SUR LE SABLE OU À TRAVERS LES BUISSONS ET LES CHÊNES, LES YEUX DANS UNE MER MARINE BORDÉE DE SABLE BLANC ET DE ROCHES ROUGES, DE CRIQUES DÉCOUPÉES ET DE CAPS COUVERTS DE PINS ÉLÉGAMMENT PENCHÉS POUR AVOIR POUSSÉ AU VENT. QUEL SPECTACLE !

COMMUNES TRAVERSÉES :

SAINT-TROPEZ, PLAGE DES SALINS,
LAGE DE PAMPELONNE (RAMATUELLE), LES TROIS CAPS,
PLAGE DE GIGARO (CROIX-VALMER).

Tout commence avec un autre décor en longeant le quai du vieux port de Saint-Tropez, modeste et confidentiel avant de sortir de l'ombre au milieu du siècle dernier. Déjà, à la fin du XIXe siècle, Guy de Maupassant était tombé sous le charme de Saint-Tropez comme évoqué dans son ouvrage *Sur l'eau.* Évocation qui intrigua suffisamment le peintre Paul Signac (1863-1935) pour qu'il décide de s'y rendre. Il ne quittera plus le village, dès lors source d'inspiration de sa peinture. Grand amateur de voile et navigateur averti Paul Signac devint l'un des illustres membres du Club Nautique historique de Saint-Tropez. Puis vint la jet-set suivie d'une invasion touristique.

CHEMINER SUR L'ANCIEN SENTIER DES DOUANIERS

L'alignement de yachts somptueux fascine toujours. En toile de fond, immuables, le village et son clocher caractéristique, le môle étiré entre l'historique tour du Portalet et le phare. Fin septembre début octobre c'est le rendez-vous des voileux venus du monde entier pour la régate des Voiles de Saint-Tropez. Alors Saint-Tropez sort de son bling-bling estival et change totalement d'atmosphère. La mer reprend tous ses droits. En place des yachts, les plus beaux voiliers sportifs du monde occupent le port et c'est une grande fête de la navigation au cours de 15 jours de régates spectaculaires.

© NOAK/LEBARFLOREAL

PIERRE ROINSON
et les Voiles de Saint-Tropez

S'il préside la Société nautique de Saint-Tropez depuis 2019, il en est membre depuis… 50 ans. C'est dire son engagement. Cette Société compte 500 membres et dispose de 110 anneaux occupés à 65 % par des voileux à 35 % par des pêcheurs. Fondée en 1862, c'est l'une des plus anciennes de France.

Originaire de Saint-Malo, Pierre Roinson navigateur passionné s'est formé à la voile en Bretagne. Devenu convoyeur de monocoque, il débarque depuis la Martinique à Saint-Tropez, par hasard : « *C'était en 1973, je voyais ce port pour la première fois et ce fut un coup de foudre. Comme Saint-Malo c'est un port en ville, avec des histoires de corsaires et tout un patrimoine.* » Depuis qu'il a pu en acheter un, son voilier a sa place au port de Saint-Tropez qui entretient avec le monde des voileux un lien historique.

Si le port de Saint-Tropez est connu dans le monde de la navigation, c'est pour sa régate des Voiles de Saint-Tropez, fin septembre.

Pierre Roinson est de l'aventure depuis le début : « *À l'origine, en 1982, c'était la Nioulargue un petit truc sympa entre potes. Le soir, on faisait des concours de bouillabaisse devant chez Sénéquier. On était 10 bateaux en 1983, le double en 1984. En 1995 c'est devenu les Voiles de Saint-Tropez. En 2022, il y avait 4 000 équipiers. Heureusement, 100 bénévoles nous aident.* » Les Voiles de Saint-Tropez distillent une ambiance à nulle autre pareille. Durant 15 jours, la capitale du bling-bling prend les couleurs des amoureux de la mer et du vent. On observe les voiliers à quai, on discute avec les équipiers dans un bar juste en face, on se rend au village des Voiles ouvert à tous… Et surtout on grimpe sur les caps pour voir passer les voiliers au vent dans leur majesté.

Parcours
SAINT-TROPEZ À GIGARO

Ville mythique

Connue pour être un lieu de villégiature de la jet-set européenne et américaine, Saint-Trop est aussi un concentré de la Provence, avec de petites ruelles charmantes et fleuries.

Du sable à perte de vue

Plus grande plage de sable de La Croix Valmer, elle peut être scindée en trois zones. La plus fréquentée est la zone centrale ; un poste de secours y est ouvert en saison.

Poumon vert

Ce cap est celui qui détient la frange littorale protégée la plus longue de la presqu'île de Saint-Tropez, avec 6 km. Une grande partie est accessible par le sentier littoral.

Plage de caractère
À 6 km du centre-ville de Saint-Tropez, cette plage de sable fin est un endroit préservé qui permet de profiter pleinement du soleil de la Méditerranée.
PLAGE DES SALINS
Coquillages et crustacés
Rendue célèbre par le film *Et Dieu… créa la femme* avec Brigitte Bardot, cette plage de sable de 4,5 km est idéale pour un moment de détente.
PLAGE DE PAMPELONNE
CAP CAMARAT
Côte sauvage
Son sentier littoral, moins fréquenté que les deux autres, dessert la plage de Bonnes Terrasses et offre de magnifiques points de vue. Son massif forestier est dense.
CAP TAILLAT
Joyau naturel
Situé entre les caps Lardier et Camarat, le cap Taillat est reconnaissable par son isthme sableux. 2,5 km de sentier littoral sont accessibles aux visiteurs.
3 KM

Mais si vous venez mi-janvier c'est encore une autre ambiance. Les yachts sont revenus, mais les touristes sont rares. Au large du môle, le golfe est déserté des navettes maritimes qui relient Sainte-Maxime et Saint-Tropez. Même les bateaux de pêche réduisent leur activité. La mer est calme. Et tout à coup c'est le saut d'un dauphin au large. Un autre et encore un autre ! Un banc entier traverse le golfe. De saut en saut, on suit leur évolution. En hiver, les boutiques sont presque toutes fermées, les restaurants aussi. Mais au bout du port, face au parking on peut toujours manger sur le pouce dans l'un des food-truck des sympathiques Halles tropéziennes.

Quoi qu'il en soit, vous êtes venu pour vous immerger dans un tout autre environnement. Vous allez emprunter un sentier historique, de plages en caps, autrefois utilisé par les douaniers pour surveiller les côtes et déjouer les ruses des contrebandiers. L'itinéraire que nous vous proposons est celui des Trois Caps : cap Camarat, cap Taillat et cap Lardier. Prévoyez deux jours au minimum avec une nuit à Ramatuelle vers le cap Camarat, puis une autre à la Croix-Valmer pour bien profiter des sites naturels de cette partie du littoral varois. Prévoir des chaussures de randonnées, de l'eau, de quoi pique-niquer, de quoi vous protéger du vent ou/et du soleil selon la météo, des jumelles, éventuellement un masque et des palmes. Rendez-vous place des Lices pour prendre la navette électrique Saint-Tropez Bus qui vous mène plusieurs fois par jour (sauf le dimanche) à la plage des Salins. Ici débute votre randonnée côtière. Sur votre parcours, le Conservatoire du littoral a fait l'acquisition de plusieurs terrains désormais préservés de toute urbanisation, le Salin de Saint-Tropez, sur la plage de Pampelonne et sur les trois caps. Au départ de la plage des Salins vous rejoignez la plage de de sable fin de Pampelonne. Jusqu'au début du XXe siècle, cette plage sert à la fois de carrière aux marins pour lester leurs bateaux et de réservoir à engrais naturel pour la viticulture présente de très longue date sur la presqu'île. Il faut dire que les herbiers de posidonie qui poussent dans l'eau du littoral fournissent un bon engrais naturel.

DE PAMPELONNE AUX TROIS CAPS

Pampelonne offre des paysages ruraux et naturels typiques avec des vignes de bord de mer, des pinèdes de pins parasols, des canniers, des dunes et des landes. En 1944, cette plage est l'un des lieux clés du débarquement des Alliés en Provence. Une dizaine d'années plus tard, Brigitte Bardot en bikini y tourne avec Roger Vadim le film culte *Et Dieu… créa la femme*. Puis, la jet-set prend possession des lieux et Pampelonne devient l'une des plages les plus célèbres au monde. Deux établissements de plage mythiques sont à l'origine de fêtes mémorables, Tahiti Plage, installé en 1946, et surtout le Club 55. La simple cantine pour l'équipe de tournage du film de Vadim devient une célèbre adresse huppée pour célébrités. La pression touristique et balnéaire fragilise peu à peu le site de Pampelonne dont l'espace naturel se trouve détérioré par un abandon progressif de parcelles agricoles et une forte spéculation foncière. En 2002, Pampelonne est reconnue espace naturel remarquable au titre de la Loi Littoral et les établissements de plage sont remis en cause. Une révolution locale !

Depuis la protection et le réaménagement de Pampelonne sont orchestrés par la mairie de Ramatuelle avec l'expertise du Conservatoire du littoral qui a engagé une politique active d'intervention foncière sur ce site. Les paillotes de plage sont désormais soumises à des normes strictes de respect de l'environnement et doivent être démontées en fin de saison estivale.

C'est donc un littoral protégé et riche en biodiversité que vous découvrez en longeant les 5 km de la plage de Pampelonne. Alternez marche dans le sable et marche sur le sentier pour varier les plaisirs et les difficultés. Sortez vos jumelles pour observer les oiseaux nombreux et variés qui vivent ou passent sur le site, nicheurs communs dont le Moineau domestique, le Pigeon ramier ou la Mésange bleue, de passage comme le Martinet noir, l'Hirondelle rustique et l'Hirondelle de fenêtre. S'ajoute le survol de quelques oiseaux marins patrimoniaux, dont le Grand cormoran.

© NOAK/LEBARFLOREAL

VINCENT BLONDEL

Naturaliste au pays d'Hyères.

Guide naturaliste, médiateur scientifique et culturel, Vincent Blondel arpente la presqu'île de Giens, les îles au large et les zones humides des espaces naturels sensibles du Var. Aujourd'hui, jumelles au cou, il observe la mer depuis Carqueiranne, son camp de base. On lui a signalé le passage de Pingouins torda. Vincent Blondel ne se lasse pas de scruter la nature de cette zone menacée par la pression foncière et la surfréquentation touristique. Les profits sont tels qu'il faut veiller à ce que la loi Littoral soit appliquée pour empêcher telle ou telle opération immobilière. Lui-même se refuse, en été et en dépit du manque à gagner, à emmener des touristes en randonnée naturaliste à Port Cros ou Porquerolles. Il s'enfonce alors dans l'arrière-pays, dans le massif de la Sainte-Baume, ou dans la forêt de Collobrières.

Vincent Blondel aime particulièrement accompagner des enfants au cœur des espaces naturels : « *Nous nous mettons en contact direct. Pas besoin d'application numérique ou d'intermédiaire autre qu'une paire de jumelles. On s'immerge. Il faut regarder, toucher, sentir et se laisser gagner par l'environnement…* »

Selon les éléments croisés sur le chemin, Vincent Blondel raconte telle interaction entre une belle araignée rayée – l'Argiope frelon – et la population d'insectes des marais, aborde en direct la biodiversité et la nécessité de préserver l'environnement. Au sein de sa structure – Naturelles Balades –, ce naturaliste engagé propose des sorties naturalistes originales. Rencontre avec les arbres, quelques plantes magiques ou une vigne en biodynamie et même des sorties nocturnes au contact d'une nature méconnue, à l'affût tous sens en éveil pour sympathiser avec un environnement souvent perçu comme hostile et l'apprivoiser.

Dans les boisements et les prairies humides d'arrière-plage vit la Tortue d'Hermann, espèce protégée d'intérêt communautaire, d'où la nécessité de rester sur le sentier pour ne pas risquer de la perturber, de même que de nombreuses autres espèces sauvages. Les dunes sont le royaume du Psammodrome d'Edwards, le plus petit lézard de France alors que les ruisseaux du Vallat et de l'Oumède que vous traversez dans leur descente vers la mer sont fréquentés par la Cistude d'Europe, une tortue d'eau douce protégée. Quant à la flore c'est un vrai cortège avec une trentaine d'espèces protégées dont 3 espèces spécifiques des milieux dunaires, le Tamaris africain, le Myosotis fluet et l'Euphorbe peplis, et 2 espèces des prairies humides la Nivéole d'été et l'Isoète de Durieu. Ajoutons la présence de Serapias neglecta, une rare orchidée protégée au niveau national.

L'ARRIVÉE AUX TROIS CAPS, DU SABLE À LA ROCHE

Au bout de la plage de Pampelonne, le sable laisse place à un sentier dans la roche. Le premier des trois caps est celui de Camarat. Dès lors, le sentier du littoral offre une vue féérique depuis ces trois caps, derniers poumons verts encore non urbanisés entre les villes balnéaires très touristiques de Saint-Tropez et de Cavalaire. Le cap Camarat abrite quelques maisons privées et un village, mais ne desservant qu'une plage, celle de Bonnes Terrasses, son sentier littoral est moins emprunté que ceux des deux autres. Son massif forestier, composé de Chênes-lièges et d'un sous-bois d'espèces arbustives, est particulièrement dense. Le cap Camarat est dominé par le phare du même nom et son sémaphore. Avec ses lumières à 130 m au-dessus du niveau de la mer, le phare de Camarat est le second plus haut de France derrière celui de Vallauris.

Cap Camarat.

© NOAK/LEBARFLOREAL

VANESSA ET VINCENT FANTINO

Maîtres en lessive.

Simple comme une lessive à l'ancienne. Encore fallait-il y penser. L'affaire débute lors du confinement, suite à un article de Var matin autour des bonnes idées à mettre en œuvre dans le temps libre laissé par la crise. Faire sa lessive maison, par exemple. Avec 4 enfants à la maison, les lessives, Vanessa et Vincent Fantino connaissent. Chaque jour en France ce sont 20 millions de lessives à la machine et pour chacune 70 l d'eau polluée. Ils testent une recette ancestrale à base de cendres pour apporter leur goutte d'eau. Efficace. Alors ils se lancent dans une production artisanale. Installés à l'orée d'Hyères, dans une serre désaffectée, les Fantino ont tout juste ! D'abord, ils sont sympathiques, mais aussi ingénieux et pleins d'énergie, et leur lessive 100 % naturelle, zéro déchet, recyclable, biodégradable, made in Provence…

La griffe Lessive d'Hyères est lancée, aventure écoresponsable : « *Nous avons développé un réseau régional de récupération auprès des restaurateurs, pizzaïoli ou encore des viticulteurs pratiquant l'écobuage, nous récupérons aussi les contenants.* » Participant ainsi à la lutte contre le plastique et les rejets toxiques en mer, ils obtiennent la marque Esprit Parc National de Port Cros. L'utilisation d'un seul litre de leur lessive se traduit par 1 500 litres d'eau polluée en moins. Plus qu'une goutte d'eau finalement ! Dans sa version My Provence, au lavandin, et Zeste d'Azur, à l'orange douce, la Lessive d'Hyères utilise des huiles essentielles bio produites dans les Alpes-de-Haute-Provence. L'Hôtel écoresponsable Almanarre Plage à Hyères et l'hôtel-restaurant locavore Lido Beach l'ont adoptée.

Du phare vous avez une vue panoramique spectaculaire sur l'ensemble de la presqu'île de Saint-Tropez et sur l'immensité de la mer Méditerranée. Le sentier redescend jusqu'à la plage de l'Escalet menant au cap Taillat, au sein d'un environnement granitique qui évoque celui de la Corse. Autre joyau naturel de la presqu'île, le cap Taillat est doté d'un remarquable isthme sableux, la plage sauvage et paradisiaque dite de la Bastide Blanche, en référence au domaine viticole du même nom produisant des AOC Côtes de Provence en bio. Au large, viennent mouiller les plaisanciers.

Afin d'assurer une cohérence de gestion entre la terre et la mer, le Conservatoire du littoral s'est vu attribuer 64 ha de Domaine public maritime au droit du Cap Taillat. Des patrouilles nautiques, surtout en été, sensibilisent les plaisanciers et autres usagers de la nécessaire préservation des herbiers… Depuis son sommet, le cap Taillat offre des points de vue grandioses sur les deux autres caps et sur les Îles d'Hyères. Les premières traces de son occupation humaine datent de l'époque préhistorique. Sous Napoléon, de nombreux édifices militaires sont construits pour renforcer la défense côtière : Maison des Douanes, Batterie, poudrière…

En 1970, la SCI du Cap Taillat qui vient d'acquérir 27 ha entreprend l'installation d'un Club Med comprenant 400 bungalows et 25 000 m^3 de volumes construits, dont un port. Une forte mobilisation des riverains et des naturalistes fait avorter le projet. Désireux de conserver intact le paysage exceptionnel du site, l'ancien maire de Ramatuelle, demande l'intervention du Conservatoire du littoral qui le rachète dès 1987. Sur les hauteurs, la Maison des Douanes, restaurée en 2011, dévoile ses 8 anciennes cellules, abrite un centre d'information pour le public et accueille des expositions temporaires. Malheureusement, il y a une dizaine d'années, le Conservatoire du Littoral n'a pas réussi à faire l'acquisition, plus loin dans les terres du cap, du domaine viticole de la Bastide Blanche. Cette zone a été progressivement interdite aux marcheurs par le nouvel acquéreur et les propriétaires locaux. Des vigiles motorisés y veillent !

Alors que le site comportait des itinéraires traditionnellement empruntés par les populations locales. Restent accessibles uniquement le passage le long de la mer et un long itinéraire par les collines.

LE CAP LARDIER RENAÎT DE SES CENDRES

Situé sur la commune de La Croix Valmer, le cap Lardier est celui des trois qui a la plus longue frange littorale protégée avec 6 km de linéaire côtier soustrait de la pression immobilière contre 2,5 km au cap Taillat et 1,3 km au cap Camarat. Une grande partie est accessible au public par le sentier littoral. Du côté de la plage de Gigaro, un kiosque d'accueil accueille et renseigne les visiteurs avec panneaux d'informations sur la faune et la flore du cap et randonnées guidées par des naturalistes. Des sentiers piétonniers parcourent la pinède méditerranéenne aux 3 pins caractéristiques (Pins d'Alep, parasol et maritime).

Au naturel, la faune et la flore sont d'une grande diversité et la beauté des paysages époustouflantes. La variété des habitats naturels confère à ce cap une grande richesse biologique. On y trouve des herbiers de Posidonies, des falaises littorales à végétation halophile (adaptée au milieu salé), des pelouses à Serapias, entre autres variétés d'orchidées rares.

Sur les 500 espèces végétales recensées sur ce site, 56 sont patrimoniales, comme la très rare Barbe de Jupiter. Le cap est un régal pour les naturalistes. On s'y promène flore en mains et jumelles au cou. On peut observer une flore et une faune remarquables, adaptées à des conditions de vie difficiles et extrêmes de sécheresse et salinité. Le soleil, le vent, les embruns, les courants, le balancement du niveau de la mer ont contraint les espèces à des stratégies d'adaptation étonnantes et admirables. Les plongeurs sous-marins, quant à eux, se régalent dans les eaux du cap riches de nombreuses espèces marines, dont les Mérous et les Corbs.

© JÜRGEN WACKENHUT - STOCK.ADOBE.COM

LE SENTIER DU LITTORAL

Un joyau de nature accessible.

Longeant la presqu'île de Saint-Tropez le sentier du littoral est un moyen privilégié et moyennement sportif de découvrir son rivage dans sa version sauvage. Lieu de promenade privilégié, entre terre et mer, il passe par les plus belles plages de sable de la Côte d'Azur. Le sentier varois du littoral offre près de 190 km balisés le long de la côte, avec de sublimes panoramas sur la mer. Soit une palette de paysages en balcon ou les pieds dans l'eau et l'occasion de croiser une grande diversité de sites naturels et patrimoniaux. Des éco-gardes sillonnent ce sentier pour en assurer la surveillance, l'entretien et l'information des promeneurs. Une signalétique adaptée a été mise en place pour faciliter son usage et son accès. Une lettre d'information actualisée est disponible dans les offices de tourisme pour renseigner les promeneurs sur l'état du sentier et sa praticabilité et sur des panneaux dans les lieux d'accès les plus fréquentés. Des parkings pour les vélos sont implantés au niveau de plusieurs accès, dont l'accès au cap Taillat, au niveau du site de l'Escalet.

Du côté de la plage de Gigaro, vous trouvez un kiosque d'accueil avec panneaux d'informations sur la faune et la flore du cap. Des sentiers piétonniers parcourent la pinède. Ce cap représentait l'un des rares sites naturels côtiers de Méditerranée où se côtoyaient les 3 espèces de la chênaie (Chênes verts, lièges et pubescents) et de la pinède (Pins d'Alep, parasol et maritime) jusqu'au dramatique incendie de 2017. Pour mémoire, les premières traces d'une occupation humaine de ce cap datent du 1er siècle apr. J.-C. (site gallo-romain à Collebasse). Au début du XIXe siècle, pour la défense du site, un sémaphore à mâts et une batterie napoléonienne sont édifiés sur le cap.

Jusqu'au XXe siècle, les chênes et les pins du massif y sont exploités et l'agriculture s'y développe autour de la culture des céréales et des oliviers vers Gigaro et de la vigne côté Bastide Blanche. De 1949 à 1960, un camping occupe le secteur de Gigaro. Lorsqu'une SCI en fait l'acquisition avec un projet de transformation du site en marina avec une soixantaine de lots privatifs et un hameau d'un hectare, c'est une levée de boucliers. En 1966, le site est inscrit à l'inventaire des sites à protéger. L'Association de Sauvegarde des Sites de La Croix Valmer demande alors au Conservatoire du littoral d'intervenir pour sauver le site. Par malheur, celui-ci a été dévasté par un incendie majeur en juillet 2017 qui a parcouru une grande partie des parcelles. La faune et la flore ont été évidemment fortement impactées, la population de tortues d'Hermann a particulièrement était touchée. Certains parlent d'un incendie volontaire de quelques promoteurs immobiliers… En réalité, le feu, attisé par un vent violent, est parti d'un barbecue allumé par un touriste. Les actions de gestion visent actuellement à favoriser la mosaïque d'habitats diversifiés qui existait avant l'incendie. En dépit de ce désastre écologique, les biologistes estiment que les caractéristiques principales du site devraient être restaurées d'ici quelques années. On pleure toujours les pins géants qui ne sont plus là, mais la végétation a déjà largement recolonisé l'espace.

DERNIÈRE ÉTAPE, LA PLAGE DE GIGARO ET SES TRÉSORS

Le cap Lardier mène à la plage de Gigaro, face aux Îles d'Or, presque aussi célèbre que celle de Pampelonne, qui signe la fin de votre randonnée ! Mais avant d'arriver à Gigaro, vous pouvez faire une escale à la crique de Jovat, pour découvrir le sentier marin de l'îlot du Crocodile, effectivement en forme de crocodile. Depuis la surface, avec masque et tuba vous observez autour du Crocodile des herbiers de posidonie, des anémones et leurs petits poissons colorés, et même la surprenante épave du cimentier… L'aménagement du sentier marin avec des bouées identifiant des points de vue remarquables sur le milieu marin permet à toute la famille de découvrir les fonds marins à son rythme, à une profondeur moyenne de 3 m de profondeur. Avant de repartir de Gigaro, vous serez bien inspiré de prévoir une visite du Domaine du Rayol, à quelques kilomètres de là. Acquis par le Conservatoire du littoral en 1989, celui-ci s'étend sur 20 ha de corniche, au pied du massif des Maures, face aux Îles d'Hyères. Sur 7 ha, le paysagiste Gilles Clément y a conçu le Jardin des Méditerranées qui vous fait voyager à travers les paysages du monde méditerranéen ou de climat plus subtropical. Vous allez des Canaries à la Californie, d'Australie au Chili, découvrez le jardin marin et le maquis, une collection de cistes et la luxuriance d'une jungle subtropicale…

Votre randonnée sur les sentiers du Rayol sera un enchantement et un concentré unique au monde d'espèces végétales. Dans une version immergée, vous pouvez même suivre avec un animateur le sentier sous-marin de la baie du Figuier, spot de biodiversité classé aire marine protégée. Vous pourrez ensuite rejoindre Saint-Tropez en bus, en faisant escale sur la route à Ramatuelle, bijou de village médiéval perché à flanc de colline. Ce village perché retrouve tout son charme en dehors de la saison estivale. Dans son enceinte de remparts, il domine la baie et la plage de Pampelonne dont il vous offre une vue somptueuse…

LES BONNES ADRESSES SUR LE PARCOURS

● **Résidence Les Sellettes**
Chemin de L'oumède
83350 Saint-Tropez

● **Yelloh! Village Les Tournels**
Route de Camarat
83350 Ramatuelle
✆ 04 94 55 90 90
www.tournels.com

● **Le Mas de Gigaro**
Les Mas de
Gigaro Ajoncs 211
83420 La Croix-Valmer

● **Les Halles de Saint-Tropez**
1 quai de L'Épi
83990 Saint-Tropez
✆ 04 94 96 27 68

● **Le Jardin des Méditerranées**
Domaine du Rayol
Avenue Jacques Chirac
83820 Rayol-Canadel-sur-Mer
✆ 04 98 04 44 00

● **Les Halles tropéziennes**
ZA saint Claude
Route des Plages
83990 Saint Tropez
✆ 04 94 97 18 68
Livraison sur tout le golfe de Sainte-Tropez.

● **La Torpez**
111, Route des Plages
83990 Saint-Tropez
www.torpez-saint-tropez.com

La Route du MIMOSA

IL N'Y A PAS QUE LE PRINTEMPS ET LA LAVANDE POUR EMBAUMER LA PROVENCE !

AU SUD, IL Y A AUSSI L'HIVER ET LE MIMOSA DONT LES PETITS POMPONS JAUNES COLORENT LA CÔTE D'AZUR EN ATTENDANT QUE REFLEURISSENT LES ROSES DU PRINTEMPS. LA ROUTE DU MIMOSA DÉMARRE À BORMES-LES-MIMOSAS, LE BIEN NOMMÉ, ET SE DÉPLOIE JUSQU'À GRASSE OÙ LES PARFUMEURS COMPOSENT DES EFFLUVES PRÉCIEUX AUX NOTES FLORALES DE LA CÔTE D'AZUR. LA MAJEURE PARTIE DE LA ROUTE DU MIMOSA EST SITUÉE EN PROVENCE, DANS LE VAR, DE BORMES-LES-MIMOSAS À TANNERON, AU KM 110, JUSTE AVANT PÉGOMAS ET GRASSE.

UN ITINÉRAIRE HIVERNAL À EFFECTUER, DE JANVIER À MARS, EN BUS, MAIS C'EST MIEUX À VÉLO, ENTRE BLEU AZURÉEN ET JAUNE SOLEIL. VOUS APPRENDREZ TOUT DU MIMOSA ET POURREZ REPARTIR AVEC UN BOUQUET GÉNÉREUX, CAR CETTE PLANTE N'EST PAS DU TOUT MENACÉE…

COMMUNES TRAVERSÉES :

BORMES-LES-MIMOSAS, RAYOL-CANADEL-SUR-MER, SAINTE-MAXIME, SAINT-RAPHAËL, MANDELIEU-LA-NAPOULE, TANNERON.

Lors de votre Route du mimosa vous allez donc en prendre plein les yeux et même vous étonner les papilles !

Dès fin janvier le littoral voit les mimosas fleurir. Le paysage vire au jaune et c'est un vrai spectacle. Au fil de la route, vous pouvez faire des excursions pédestres sur le Sentier du littoral, emprunter des portions du Parcours cycliste du littoral, monter à bord d'un bus Zou, à vous de jouer ! Profitez du paysage sans oublier que le mimosa, plante inscrite dans le paysage, symbolique de la Côte d'Azur, n'a rien de naturel sous ces cieux… Arbre exotique de la famille des légumineuses, le mimosa fut importé alors que la Côte d'Azur commençait à s'embourgeoiser. Les riches propriétaires rêvaient de jardins exotiques et leurs jardiniers composaient des parcs somptueux aux multiples essences et plantes décoratives. Et comme espèce décorative, le mimosa tient sa place !

LES DÉBUTS DU MIMOSA SUR LA CÔTE D'AZUR

Cette plante originaire d'Australie a fait son apparition sur la Côte d'Azur, vers 1880. On dit qu'elle a été introduite par l'un de ces prestigieux hôtes qui y prenaient alors leurs quartiers d'hiver, à la manière du Duc de Vallombrosa, du Marquis de Morès ou de Lord Brougham. C'est la Société d'Horticulture et d'Acclimatation du Var qui contribua à sa promotion. Un grand succès !

Les mimosistes se multiplièrent de Mandelieu à Tanneron. Le mimosa, alors seule fleur accessible en hiver, était expédié par wagons entiers dans les grandes villes européennes.

À la fin de l'hiver, alors que le mimosa se fane son odeur perdure, car quelques alambics capturent leurs effluves pour les parfumeurs de Grasse. Comme la rose et le jasmin, le mimosa inspire les créateurs de parfums. Des années 1950 aux années 1970, c'est la vedette. Aujourd'hui, son odeur capiteuse se fait plus discrète et son utilisation parcimonieuse. Pas de quoi dépeupler les collines du Tanneron ! Les créateurs de parfums utilisent l'absolu de mimosa, un concentré produit à la demande chaque année. La variété sauvage du mimosa est celle qui offre l'odeur la plus subtile et doit être transformée le jour de sa cueillette, car les fleurs se fanent rapidement. Si un bouquet de mimosa suffit à embaumer une pièce, il faut tout de même 4 tonnes de récolte pour faire 40 kg de « concrète », pâte issue de la première extraction qui elle-même ne donnera que 10 kg d'absolu. Plus que précieux et réservé aux parfumeurs de grand luxe. Le mimosa d'Inde qui arrive sous forme de « concrète » est beaucoup moins cher que le local, sans compter que les produits de synthèse font illusion.

LE MIMOSA, AMI OU ENNEMI ?

Des parfums historiques intègrent une note de mimosa dont Paris d'Yves Saint Laurent ou Loulou de Cacharel (1987) ou plus récents comme Summer by Kenzo ou chez Fragonard Belle de Grasse ou encore le simplement nommé Mimosa, de la maison de parfum Le Couvent qui associe l'absolu de mimosa, à la bergamote et au bois de cèdre. Il y en a d'autres ! L'Eau de toilette Mimosa, dans la collection vintage de la Maison Honoré Payan, parfumeur à Grasse depuis 1854, sort des ateliers de Grasse. Des producteurs locaux proposent également des parfums ou cosmétiques, d'excellente qualité, le plus souvent bio intégrant du mimosa auquel on prête de nombreux bienfaits. En médecine ayurvédique, il est utilisé pour ses propriétés antiasthmatiques, aphrodisiaques, analgésiques et antidépressives. En cosmétique, il est réputé régénérant et anti-oxydant. En massage, associé à l'huile de graines de pin maritime, il offre un soin du corps odorant et bienfaisant. Toutefois, ne vous laissez pas endormir par sa beauté et ses bontés… C'est une plante invasive à maîtriser, comme le bambou, catastrophique pour la biodiversité de nos espaces naturels. Il suffit de le savoir et ne pas se laisser envahir !

Parcours ROUTE DU MIMOSA

Au pied du mas de l'Esterel

Station balnéaire et touristique baignée par la Méditerranée, Saint-Raphaël se divise en différents quartiers qui offrent une grande diversité et propose 30 plages.

Une station balnéaire verte

À la fin du XIXe siècle, de riches propriétaires firent construire de luxueuses villas dans cette station. À visiter également : le Domaine du Rayol, un espace naturel protégé de 20 ha.

Couleurs et senteurs

Le mimosa a trouvé, dans l'amphithéâtre rocheux du village, un microclimat idéal. Devenu le symbole de la cité, il est fêté chaque année en février avec le corso fleuri.

Du jaune à perte de vue
Commune constituée de vingt-deux hameaux nichés au cœur du massif du même nom. C'est en France le plus vaste territoire arboré de mimosas, tant cultivés que sauvages (200 ha).
ANTIBES
TANNERON
CANNES
MANDELIEU-LA-NAPOULE
Une architecture remarquable
Deux châteaux sur la commune : château de la Napoule (XIIe siècle), rénové et transformé au début du XXe et le château d'Agecroft construit en 1918 par Harry Leland de Langley.
SAINT-RAPHAËL
Havre de quiétude
Petit comptoir créé par les Grecs, le village appartint aux moines de Lérins qui lui donnèrent le nom de Maxime, moniale disparue en 750 et qui est célébrée chaque année en mai.
5 KM

Alors, renseignez-vous bien avant d'acheter un pied de mimosa. Ça tombe bien votre parcours sur la Route du Mimosa démarre à Borme-les-Mimosas où vous pouvez rencontrer dans sa pépinière, Julien Cavatore, grand spécialiste de la culture des différentes variétés de mimosas (voir portrait). Penchez-vous sur le mimosa, il vous sera très sympathique. Invasif peut-être, mais le paysage lui dit merci et c'est toute une filière qui en profite, des producteurs aux transformateurs en passant par les socio-professionnels du tourisme.

BORMES-LES-MIMOSAS, VILLAGE PERCHÉ ET… FLEURI

Votre parcours débute à Bormes-les-Mimosas, connu pour ses mimosas et pour abriter le fort de Brégançon, résidence estivale officielle des Présidents de la République sur le cap du même nom, site naturel hors du commun. Inutile de dire qu'il vous sera plus facile devoir des mimosas en hiver que des présidents de la République en été ! Au bord de la mer, à l'orée du massif des Maures, le village perché de Bormes-les-Mimosas est l'un des plus beaux villages fleuris de France. La commune abrite quelque 700 espèces végétales rares, 90 espèces de mimosas et 17 km de plage au sable blanc et aux eaux cristallines. Pour commencer, grimpez jusqu'à l'office de tourisme pour vous procurer le carnet annuel de la route du mimosa. Vous pouvez aussi télécharger la version numérique sur votre smartphone. Un outil pratique et documenté qui vous dévoile l'itinéraire et ses étapes, anecdotes et conseils, bonnes adresses et agenda des animations.

Immergez-vous dans le mimosa à la racine en vous rendant à la pépinière de la maison Cavatore, dans la campagne borméenne. Cette maison est la référence française de la production et de la vente du mimosa avec plus de 200 espèces et variétés différentes. Depuis 1992, elle abrite la collection nationale d'Acacia (nom botanique du mimosa) accréditée par le Conservatoire des Collections Végétales Spécialisées. Vous découvrez aussi un arboretum de mimosas et un jardin d'exposition des plantes méditerranéennes.

Vous avez plusieurs rendez-vous à Bormes-les-Mimosas. Le dernier week-end de janvier, c'est Mimosalia qui rassemble les amoureux du jardin et vous invite à la découverte de plantes de collection, végétaux rares et variétés insolites. L'occasion de découvrir l'actualité des plantes et de l'aménagement du jardin avec l'élite de la botanique française. Mi-février, c'est le corso fleuri le plus ancien et le plus beau de la côte varoise, dit-on. Ce corso fleuri c'est quelque chose ! Dès le mois d'octobre, les constructeurs se réunissent pour définir un thème et la réalisation des maquettes. Le fleurissement se fait exclusivement en fleurs coupées fraîches achetées l'avant-veille pour compléter la cueillette collective du mimosa, le samedi matin. La pose des fleurs fraîches se termine vers 4h du matin, quelques heures avant le défilé. 12 tonnes de brins jaunes et 80 000 fleurs habillent la quinzaine de chars en lice qui s'affrontent.

En point d'orgue, le final avec une bataille de fleurs. Festif ! Avant de quitter Bormes-les-Mimosas, offrez-vous une glace de saison hivernale, avec la crème glacée mimosa du Boudoir, gourmande, subtile et 100 % naturelle. Poursuivez en bus ou à vélo jusqu'à votre deuxième étape.

AU RAYOL, VOYAGE BOTANIQUE ET GOURMAND

Le Rayol-Canadel-sur-Mer, commune autonome depuis 1949, s'étire sur environ 4 km de côte, le long de la D559. Ici, les collines boisées de la Corniche des Maures plongent dans l'eau bleue de la Méditerranée avec une vue imprenable sur les Îles d'Or. Voici pour le décor. Pour le parcours, les randonneurs pédestres ont le choix entre suivre le sentier du littoral (ancien sentier des douaniers) ou emprunter à pied ou en pédalant la Voie verte, ancienne voie ferrée construite par la Compagnie des chemins de fer du Sud, reliait Toulon à Saint-Raphaël.

© NOAK/LEBARFLOREAL

JULIEN CAVATORE

Pépiniériste des mimosas

Comme avant lui ses parents, Julien Cavatore a la passion du mimosa ou plutôt des mimosas. Il en produit plus de 200 variétés au sein de sa pépinière implantée dans la campagne de Borme-les-Mimosas, rue des Orchidées. Sur la Route du mimosa, qui s'anime chaque année en hiver le long de la côte varoise, Julien Cavatore exerce le métier rare de mimosiste, producteur de plants de mimosas pour les professionnels et les particuliers. On vient de loin pour bénéficier de son expertise et pour adopter de jeunes mimosas qui s'épanouiront dans les parcs et les jardins. C'est que Julien Cavatore vous conseille en fonction de votre climat, du sol de votre terrain, du temps que vous consacrez à votre jardin… Pas question pour lui de vendre un plant non adapté, ni de vous laisser partir sans vous donner des conseils précis sur la façon dont vous devez soin de votre bouture, de la plantation à l'arrosage.

Installée à Bormes-les-Mimosas depuis sa création en 1981, la maison Cavatore s'attache à l'introduction et l'acclimatation de nouvelles espèces au sein de la grande diversité botanique que représente le genre Acacia auquel appartient le mimosa. En reprenant les rênes de l'entreprise familiale en 2012, Julien s'est également spécialisé dans les plantes rares et les plantes de climats méditerranéens, qui nécessitent un entretien réduit, originaires d'Australie, d'Afrique du Sud et des Amériques. La moitié de sa serre leur est consacrée. Soucieux de l'environnement, Julien Cavatore est attaché à la certification Plante Bleue, label qui garantit que ses végétaux sont produits de manière écoresponsable.

Celle-ci longe la côte en offrant de très belles vues sur la mer et le massif des Maures et relie les trois hameaux de la commune, le Rayol, le Canadel et Pramousquier. Avec ses points de vue et sans dénivelé, cette portion est idéale en famille. Le sentier pédestre du littoral, quant à lui, croise le Jardin du Rayol qui n'est pas un jardin dédié au mimosa, mais un espace naturel de 20 ha d'une biodiversité exceptionnelle, propriété du Conservatoire du littoral. Vous pouvez découvrir les 7 ha d'espaces naturels protégés du Jardin des Méditerranées qui présente les paysages du monde partageant le même climat que la Côte d'Azur. Et vous voyagez de l'Espagne au Maghreb, de l'Italie à l'Égypte, en passant par la Grèce et la Turquie, le Liban ou Israël. Après ce périple, une escale au restaurant du Café des Jardiniers est la bienvenue. La cheffe Marie Mathieu vous propose un autre voyage avec des plats méditerranéens inspirés des régions dont vous venez de traverser les paysages.

SAINTE-MAXIME ET SAINT-RAPHAËL, ESCALES PROVENÇALES

Avec ses 11 km de rivage, son vieux village provençal, son marché typique et sa marina, Sainte-Maxime offre des ambiances diverses et une escale agréable. Les allées du marché dévoilent une palette gustative et distillent des odeurs alléchantes. Ici, vous rencontrez dans une ambiance conviviale, des producteurs locaux et des artisans de pays. Vous trouvez également à la boutique de l'office de tourisme une large gamme de douceurs artisanales, des vins et de l'huile d'olive 100 % Provence, 100 % maximois. Pour la randonnée, les navettes provençales à la fleur d'oranger sont délicieuses sans alourdir le sac à dos…

Château de Mandelieu-la-Napoule.

Les gourmands curieux se rendront à la chocolaterie La Muscadine pour tester les Chocofleurs de cette maison de bon goût, chocolats lavande, rose, violette, sans oublier… mimosa ! Vous reliez Sainte-Maxime et Saint-Raphaël en pédalant au bord de la mer, sur le Parcours cyclable du Littoral ou en bus Zou. Implantée aux portes du massif de l'Estérel, Saint-Raphaël vous invite à découvrir son littoral exceptionnel et sa nature préservée. Cette ville les pieds dans l'eau s'étire jusqu'aux criques sauvages de Boulouris, à l'Île d'Or puis à la rade d'Agay.

Au pied du massif de l'Estérel aux roches rouges apprécié des vététistes, des cavaliers et des randonneurs, Saint-Raphaël déploie son littoral somptueux. Offrant un environnement sauvage exceptionnel, celui-ci est découpé par une dizaine de calanques volcaniques et de petites plages caillouteuses. Saint-Raphaël décline le mimosa en gourmandises.

Chez Taste Gourmet, dite épicerie très fine et produits d'exception, vous trouvez les madeleines de Mamie Madeleine confectionnées par le chef varois Mickaël Meurot selon la tradition provençale. En hiver, Mamie Madeleine prend des couleurs avec sa madeleine au mimosa. Quant à l'artisan-chocolatier, Didier Carrié, il compose le Mimosa d'Agay, un bonbon au chocolat roulé dans la poudre de mimosa cristallisée, et une truffe de chocolat blanc, mimosa, pâte de citron confit, liqueur de plantes. On ne vous dit que ça ! Et si vous passez la nuit à Saint-Raphaël offrez-vous un Mim's, au Bla Bla, à déguster de janvier à juin face à la baie, de janvier à juin. Ce cocktail créé par Alex, le mixologue du Bla Bla, associe sirop de mimosa, Gin, citron, fever tree mediterranean (tonic).

Puis vous passez de l'Estérel au massif du Tanneron, autre merveille de la nature. Quittant Saint-Raphaël vous poursuivez votre itinéraire par la route de la Corniche d'Or. Taillée dans la roche volcanique en 1903, celle-ci serpente le long de falaises rouges qui surplombent des eaux cristallines en composant des paysages époustouflants. À vélo vous croisez à petite vitesse les criques et leurs plages typiques couvertes de cailloux rouges accessibles par des escaliers.

Prochaine étape : Mandelieu. Sachez que le TER relie Saint-Raphaël à Mandelieu en 25 minutes, une douzaine de fois par jour. Une alternative pour les cyclistes qui peuvent embarquer leur vélo.

MANDELIEU-LA-NAPOULE UNE ESCALE DORÉE

Sur la Route du Mimosa, Mandelieu-la-Napoule propose une intrusion dans les Alpes maritimes. Mais il serait dommage d'occulter cette étape en reliant directement Tanneron depuis Saint-Raphaël, d'autant que sans vélo à assistance électrique (ça grimpe !), vous n'avez que le taxi comme solution. Ne vous privez donc pas d'une petite intrusion dans les Alpes maritimes pour découvrir le berceau du mimosa azuréen. Entre la Cornique d'or et le massif d'Or du Tanneron, tout de jaune fleuri, Mandelieu fait la belle ! D'autant qu'elle arbore un château somptueux. Sur cette commune, au cœur du Parc Emmanuelle de Marande, l'arboretum de mimosa, considéré comme le Musée du mimosa, qui s'étend sur près d'un hectare. C'est le poumon vert du Capitou, quartier historique des mimosistes. Le long d'une promenade dans le parc, plus d'une centaine d'espèces de mimosas a été plantée, ponctuée de panneaux reprenant leurs principales caractéristiques.

Il accueille également La Saga du mimosa, une exposition à ciel ouvert qui retrace l'histoire et l'évolution de la culture du mimosa de sa culture à son exploitation en passant par les techniques de forçage et de conditionnement. Les mimosistes réussirent, dès les années 1920, à exporter cette fleur délicate en développant des techniques ingénieuses et toute une économie. Pour cela ils abandonnèrent la culture du jasmin et des arbres fruitiers. Le massif du Tanneron leur doit sa coloration uniforme et un atout touristique important. L'office de tourisme de Mandelieu propose de nombreuses randonnées pédestres accompagnées dans la forêt de mimosa du massif du Tanneron avec des guides avertis qui rendront votre promenade passionnante.

Mandelieu a aussi son petit itinéraire gourmand. Vous trouvez à l'Office de tourisme du Mimocello, spiritueux produit à Mandelieu à base de vodka et de fleurs fraîches de mimosa sauvage.

Chez Louise, le glacier, vous découvrez la crème glacée mimosa/miel mise au point par Laurent Rombi. Au Palet d'or, vous dégustez le Mimosa d'Agay de Didier Carrié qui roule des boules de chocolat blanc dans une poudre de mimosa cristallisée agrémenté de pâte de citron confit et de liqueur de plantes.

On vous dit que ça ! Ne ratez pas l'Oasis, boutique et table gastronomique qui proposent chaque année des créations pâtissières qui mettent le mimosa à l'honneur : tarte Mimoasis, Mimosette, macaron et cornets à la crème mimosée, à la carte et à emporter.

Comme c'est le cas entre Saint-Raphaël et Tanneron, il n'y a pas de bus Zou pour relier Mandelieu et Tanneron, mais la distance est plus courte. Vous pouvez terminer votre route du mimosa en enfourchant votre vélo pour un dernier tronçon de 15 km et 500 m de dénivelé.

Trois itinéraires sont possibles, plus ou moins tortueux, dont l'un débute sur un tronçon du Parcours du littoral. Si vous êtes arrivés jusqu'ici en transports en commun, vous trouvez plusieurs loueurs de vélo à Mandelieu. À moins d'avoir de bons mollets, préférez un vélo à assistance électrique.

COMMENT TANNERON FÊTE LE MIMOSA

À la frontière avec les Alpes maritimes, Tanneron est la commune la plus orientale du Pays de Fayence, ce collier de villages de charme perchés qui fait l'objet dans notre guide d'un autre parcours. Au km 112 de la route du mimosa, Tanneron est aussi la commune la plus fleurie de votre Route du mimosa.

Les forêts jaunes de son massif constituent le plus vaste territoire arboré de mimosa tant cultivé que sauvage en France. Imaginez avec 200 ha de mimosa l'explosion de fleurs dès fin janvier ! Accrochée aux collines plantées de mimosa et autres cultures florales, d'oliviers et de châtaigniers, de pins et de chênes-lièges là où le mimosa est contenu, la commune de Tanneron égrène une vingtaine de hameaux éparpillés jusqu'aux berges du lac de Saint-Cassien.

Ce terroir de mimosa abrite 5 forceries de mimosa où l'on fait fleurir le mimosa pour les bouquets sous de grandes serres chauffées. Le chef-lieu de Tanneron, là où se trouve la mairie, une boulangerie et un restaurant, vient d'inaugurer sa Oustaou dòu païs, maison de pays. C'est la maison du mimosa et de l'agriculture avec office de tourisme, produits du terroir, dont les confitures de Lady's jam d'Isabelle Cadanas (voir portrait), exposition dédiée aux outils et aux savoirs relatifs au mimosa.

L'occasion de découvrez le métier et le savoir-faire d'un mimosiste et d'apprendre fleurir le mimosa en 48 heures ! C'est d'ici que vous partez en randonnée tous les dimanches, de mi-janvier à mi-mars, depuis l'Oustaou dou Païs. Une randonnée le matin, une randonnée l'après-midi, vous mènent à la découverte du mimosa et de ses compagnons. Un guide naturaliste vous guide à travers le massif de Tanneron, en petit groupe, à la rencontre des plantes à parfum, mimosa, myrte, pistachier, lavande… Il dénichera et vous présentera de nombreuses plantes aromatiques. Fin janvier, Tanneron programme sa fête du mimosa avec un marché provençal et artisanal, des animations, des danses folkloriques provençales, un corso fleuri et une distribution de mimosa. Pour l'occasion le village devient piéton et c'est bien agréable. En février, l'Oustaou dou Païs propose des ateliers thématiques pour vous apprendre à peindre sur le vif des paysages de mimosa ou peindre des mimosas sur du verre. Quant à la Maison du Lac de Saint-Cassien, autre point touristique avec boutique de terroir, elle vous propose des ateliers autour de la création de feuilles de papier recyclé avec du mimosa ou de la confection de guimauve au sirop de mimosa de Tanneron. Enfin, sachez que la cueillette du mimosa qu'il soit cultivé ou sauvage est interdite sur l'ensemble du massif du Tanneron. C'est que des mimosistes vous accueillent pour la vente de bouquets. Mais vous êtes là pour le plaisir avec les yeux, alors pas de souci !

LES BONNES ADRESSES SUR LE PARCOURS

- **Le Boudoir**
1, venelle des Amoureux
83230 Bormes-les-Mimosas
✆ 06 24 10 46 17

- **La Muscadine**
7, rue du Commerce
ZA Camp Ferrat
83120 Sainte-Maxime
✆ 04 94 96 46 12

- **Taste Gourmet**
183, quai Albert 1er
83118 Saint-Raphaël
✆ 04 94 54 62 69

- **Chez Louise**
278, avenue Henry Clews
06210 Mandelieu

- **L'Oasis**
6, rue Jean Honoré Carle
06210 Mandelieu
✆ 04 93 49 95 52

- **Marché de Bormes-les-Mimosas**
Les mercredis.

- **Marchés de Sainte-Maxime**
Étals des pêcheurs tous les jours, marché couvert tous les jours sauf lundi, marché de plein air lundi, marché de produits régionaux vendredi.

- **Marchés de Saint-Raphaël**
Marché des pêcheurs tous les jours, marché alimentaire tous les jours sauf lundi

- **Marché à Mandelieu,**
mercredi, jeudi, samedi

- **Savonnerie de Bormes**
11, rue Carnot
Village médiéval et boulevard du front de mer
La Favière
Bormes-Les-Mimosas
✆ 04 94 01 31 10
www.savonnerie-bormes.com

- **Boutique terroir de l'office de tourisme de Sainte-Maxime**
21 Pl. Louis Blanc
83120 Sainte-Maxime
✆ 04 94 55 75 55

- **Le Parc Gonzalez**
134 Bd du Soleil
83230 Bormes-les-Mimosas

- **Le Parc Emmanuelle de Marande**
Avenue Général Garbay
et chemin du Bon Pin
06210 Mandelieu-la-Napoule

Traversée des villages perchés du PAYS DE FAYENCE

CROISÉ PAR LE GR49 ET L'EV8, CE PARCOURS INTÉRESSE AUSSI BIEN LES RANDONNEURS PÉDESTRES QUE LES CYCLOTOURISTES. LES CAVALIERS ET LES VÉTÉTISTES Y TROUVENT AUSSI LEUR COMPTE. C'EST UN ITINÉRAIRE AÉRIEN AUX PAYSAGES SÉDUISANTS AVEC ALTERNANCE DE VILLAGES MÉDIÉVAUX ET D'ESPACES NATURELS REMARQUABLES.

VOUS SUIVEZ DE PETITES ROUTES ET DES SENTIERS PÉDESTRES À TRAVERS LES BOIS. VOUS AVEZ DES POINTS DE VUE SPLENDIDES SUR UN MOUTONNEMENT DE COLLINES ET DE VALLÉES. DEUX SITES MARQUÉS PAR L'EAU SE DISTINGUENT, LE LAC DE SAINT-CASSIEN ET LES GORGES DE LA SIAGNE, FLEURON NATUREL. DEUX TEMPS FORTS RYTHMENT LA FRÉQUENTATION TOURISTIQUE, L'ÉTÉ ET LA SAISON DU MIMOSA. NOUS VOUS CONSEILLONS LE PRINTEMPS OU L'AUTOMNE POUR UNE DÉCOUVERTE DU PAYS DE FAYENCE.

COMMUNES TRAVERSÉES :

TANNERON, LAC DE CASSIEN, MONTAUROUX, CAILLAN, TOURRETTES, FAYENCE, SEILLANS, MONS.

De Tanneron à Seillans, le pays de Fayence égrène ses villages perchés comme autant de perles du patrimoine bâti et un relief superbe entre le calcaire préalpin et le granit rouge du massif de l'Estérel. Les botanistes se régalent d'une richesse exceptionnelle où l'on passe en quelques kilomètres d'une flore méditerranéenne à une flore alpine. En outre, s'il connaît un tourisme important en été, le pays de Fayence reste animé toute l'année, avec des festivals artistiques, des foires artisanales, des salons et des fêtes de terroir, marchés de potiers, fêtes du mimosa, de la transhumance, du pain, de la châtaigne…

UNE TERRE PARFUMÉE ET INSPIRANTE

Longtemps, au printemps, la campagne embaumait la rose et le jasmin. Cultivés pour les parfumeurs de Grasse. L'activité déclina avec la concurrence des roses venues de Bulgarie ou de Turquie, puis le développement du tourisme. La tendance s'inverse désormais. De jeunes agriculteurs relancent depuis quelques années la culture florale, diversifiant les fleurs et misant sur la qualité pour de grandes maisons comme Chanel. Ces artisans s'ajoutent aux producteurs fermiers du terroir, souvent bio, qui travaillent dans le maraîchage, la fabrication de fromages, la transformation des plantes aromatiques, la confection de confitures à base d'ingrédients locaux.

© NOAK/LEBARFLOREAL

ISABELLE CANADAS

Confitures, moutardes et chutneys

Après des années à travailler dans la restauration, Isabelle Canadas s'est reconvertie pour une vie plus paisible et créative. Elle s'est installée dans la campagne du pays de Fayence, dans un hameau perdu au bout d'une piste sur la commune de Tanneron, pays du mimosa. « *Nous sommes gardiens d'un hameau en cours de réhabilitation par un propriétaire suisse et je me suis lancée, en 2018, dans la production de confitures, de moutardes et de chutneys.* » Inspirée, Isabelle Canadas, alias Lady Jam, transforme une large gamme de fruits, dont abricots, pêches, fraises, kiwis, agrumes, en confitures selon des recettes originales. Sa confiture kiwi gingembre et sa poire Belle Hélène associant poires, chocolat, amandes grillées et gousse de vanille ont leurs fidèles. Sa collection compte aussi 32 moutardes élaborées à partir de graines jaunes broyées et macérées. On pourrait aussi parler de ses ketchups de tomates à l'ancienne nécessitant 9h de cuisson qu'elle décline aux cèpes, à l'ail fumé, à l'huile de truffe d'été, aux olives noires, aux trois piments, etc. Pour varier les couleurs et les plaisirs, Lady Jam propose également des ketchups aux champignons de Paris et porto, aux betteraves, aux tomates vertes, aux tomates ananas jaunes…

Récemment, lors d'un confinement lié au Covid, elle s'est attachée à mettre au point une nouvelle production dans l'éco-vannerie : « *Je réalise désormais des paniers en recyclant les prospectus reçus dans les boîtes aux lettres sur une structure en ossature de bambou.* » Il ne vous reste qu'à remplir votre panier de papier tressé de confitures et moutardes Lady Jam sur les marchés de producteurs du pays de Fayence.

Parcours
VILLAGES PERCHÉS DU PAYS DE FAYENCE

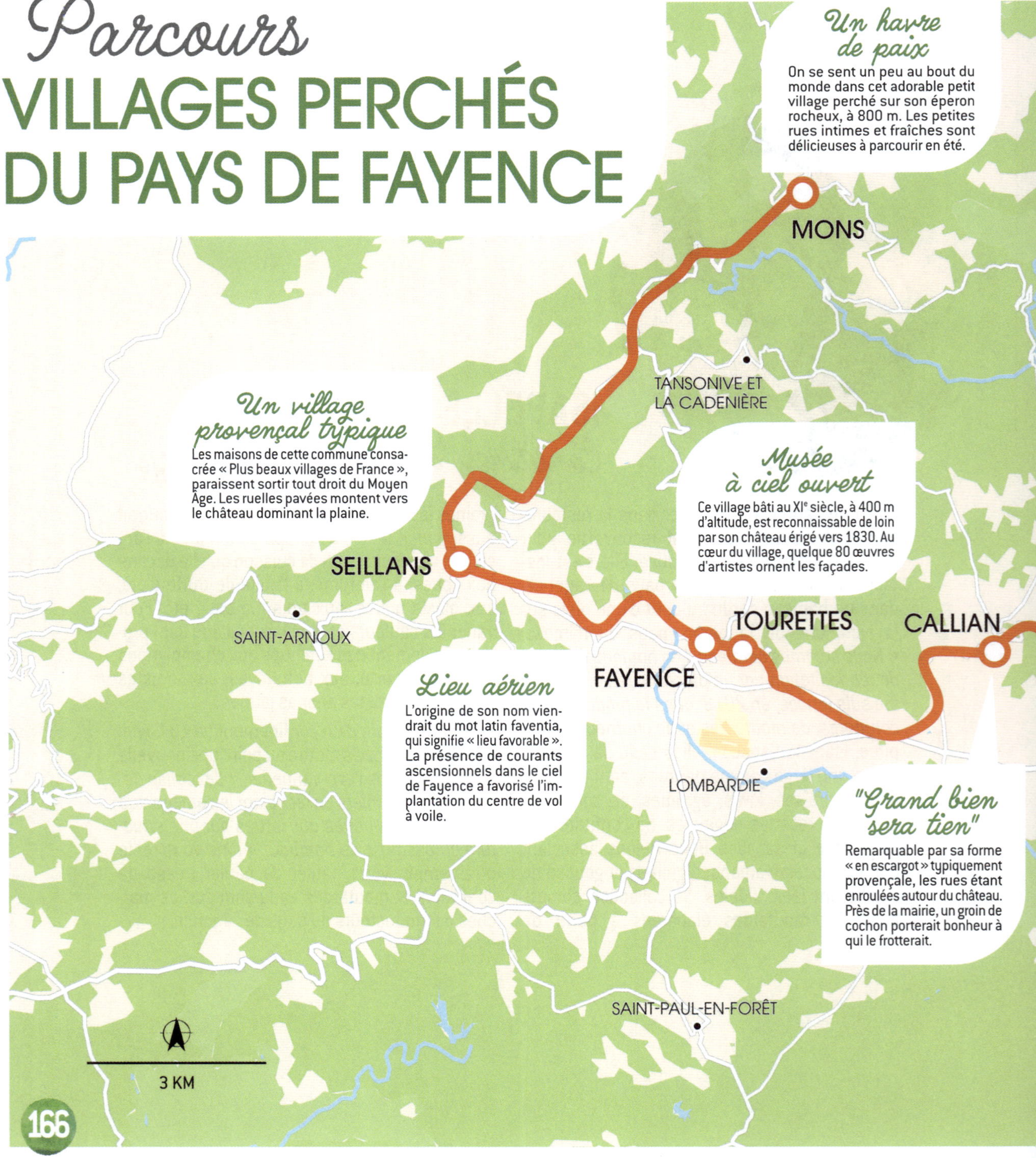

Un havre de paix

On se sent un peu au bout du monde dans cet adorable petit village perché sur son éperon rocheux, à 800 m. Les petites rues intimes et fraîches sont délicieuses à parcourir en été.

Un village provençal typique

Les maisons de cette commune consacrée « Plus beaux villages de France », paraissent sortir tout droit du Moyen Âge. Les ruelles pavées montent vers le château dominant la plaine.

Musée à ciel ouvert

Ce village bâti au XIe siècle, à 400 m d'altitude, est reconnaissable de loin par son château érigé vers 1830. Au cœur du village, quelque 80 œuvres d'artistes ornent les façades.

Lieu aérien

L'origine de son nom viendrait du mot latin faventia, qui signifie « lieu favorable ». La présence de courants ascensionnels dans le ciel de Fayence a favorisé l'implantation du centre de vol à voile.

"Grand bien sera tien"

Remarquable par sa forme « en escargot » typiquement provençale, les rues étant enroulées autour du château. Près de la mairie, un groin de cochon porterait bonheur à qui le frotterait.

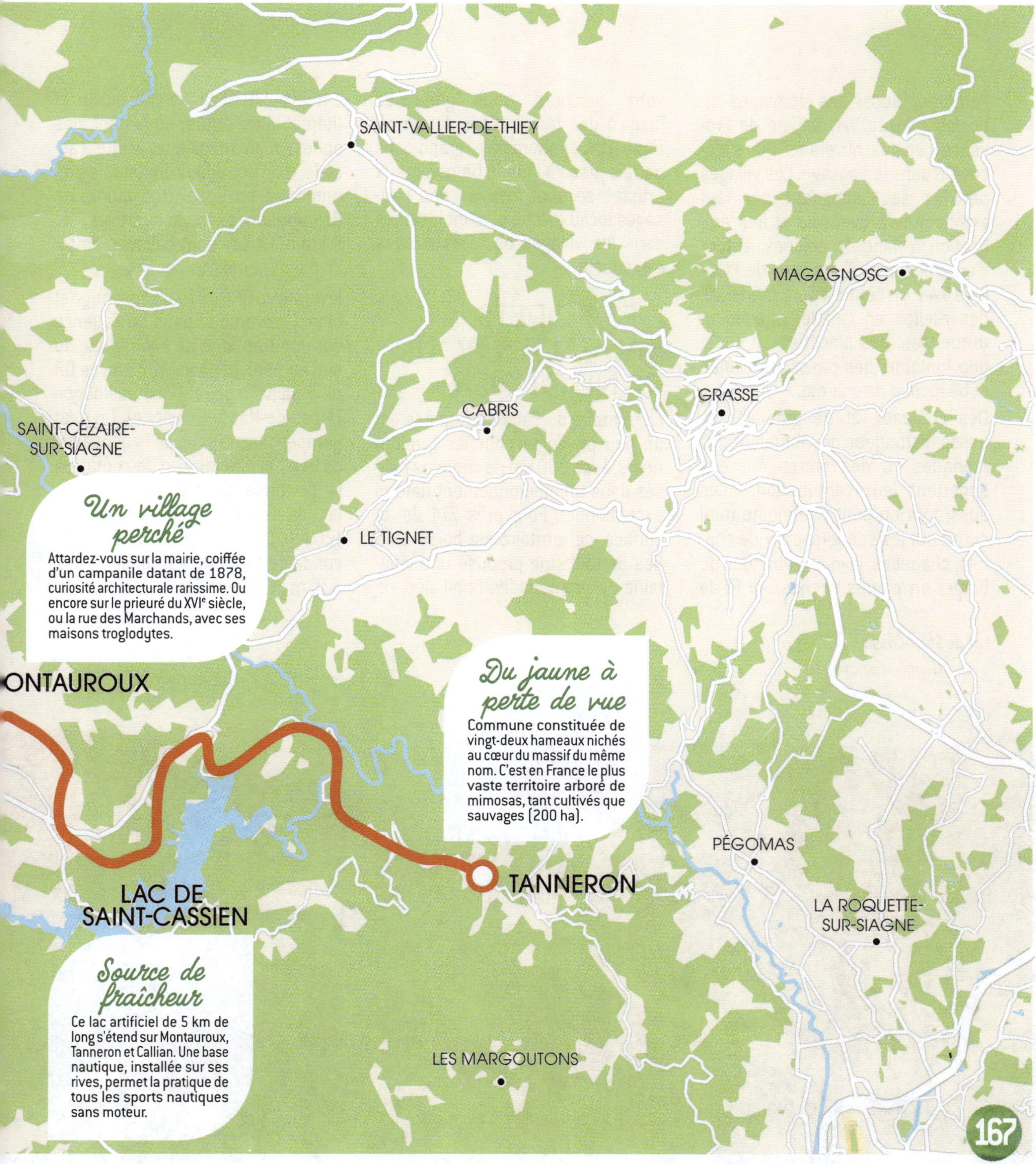

Un village perché

Attardez-vous sur la mairie, coiffée d'un campanile datant de 1878, curiosité architecturale rarissime. Ou encore sur le prieuré du XVIe siècle, ou la rue des Marchands, avec ses maisons troglodytes.

Du jaune à perte de vue

Commune constituée de vingt-deux hameaux nichés au cœur du massif du même nom. C'est en France le plus vaste territoire arboré de mimosas, tant cultivés que sauvages (200 ha).

Source de fraîcheur

Ce lac artificiel de 5 km de long s'étend sur Montauroux, Tanneron et Callian. Une base nautique, installée sur ses rives, permet la pratique de tous les sports nautiques sans moteur.

Perdurent aussi des domaines viticoles (vin du Var et Côte de Provence) et des oliveraies qui s'inscrivent dans le paysage. Les villages perchés se distinguent par leur architecture provençale et leur édification à flanc de collines, autour d'un clocher et d'une tour de l'horloge avec un centre-bourg médiéval, des ruelles en calade, étroites et tortueuses, des placettes où coule une fontaine, des passages voûtés et beaucoup de charme.

Des châteaux et de grandes bâtisses historiques qui abritaient des fabriques ou des ordres religieux apportent leur contribution, mais aussi tout un petit patrimoine rural croisé sur les sentiers, croix de chemin, chapelles, lavoirs, cabanons de berger en pierres sèches. Au fil de votre parcours, vous grimperez jusqu'à des tables d'orientation offrant des panoramas grandioses parfois jusqu'à la mer. De nombreux artistes se sont inspirés des paysages locaux, voire se sont installés dans les villages où leurs œuvres s'exposent.

DES FORÊTS SAUVAGES POUR RANDONNER

Le territoire du Pays de Fayence est un lieu privilégié pour les randonneurs, avec 200 km de chemins balisés dans un environnement naturel exceptionnel. Pour près 3/4 de sa surface, ce territoire est boisé. L'office de tourisme propose une vingtaine de promenades familiales, de 1 h 30 à 2 h 30 de marche, faciles et thématiques, autour de la forêt, des bories, d'un mégalithe, d'une cascade, d'un aqueduc consultable gratuitement en ligne. Une quinzaine de randonnées plus sportives, de 9 km à 19 km, sont balisées en GR de pays (jaune et blanc).

En outre, le GR® 49 (balisage rouge et blanc) traverse le pays de Fayence sur une trentaine de kilomètres, du sud au nord. Long de 107 km, ce GR relie Saint-Raphaël (Var) et Rougon (Alpes-de-Haute-Provence). On peut grimper dans le pays de Fayence par ce très bel itinéraire en deux étapes, la première de Montauroux et le lac de Saint-Cassien à Tourrettes (20 km, 5 540 m de dénivelé), la seconde de Tourrettes à Mons (11 km, 630 m de dénivelé).

Lac de Saint-Cassien.

© YAROSLAV - STOCK.ADOBE.COM

Dans le pays de Foyence, vous cheminez à travers un territoire de feuillus, majoritairement des futaies de chênes souvent centenaires. Aux chênes centenaires de Callian et Montauroux répondent les pinèdes de Seillans et de Tourrettes, quelques chênes-lièges et châtaigniers, sans oublier la forêt de mimosas et d'eucalyptus de Tanneron. Les itinéraires de cyclotourisme sont également nombreux.

Pour les déambulations dans les villages, l'office de tourisme diffuse ses petits dépliants *Au fil des ruelles* qui guident et enrichissent votre visite. Chaque village a le sien.

LE LAC DE SAINT-CASSIEN ET SA RÉSERVE DE BIODIVERSITÉ

En venant de Saint-Raphaël, notre parcours au Pays de Fayence débute par Tanneron, commune aux 22 hameaux éparpillés sur le massif du même nom connu pour sa forêt de mimosa. Cette commune apparaît d'ailleurs dans notre précédent parcours dédié à La Route du Mimosa. Si vous grimpez jusqu'au chef-lieu, faites escale au Bureau d'Information Touristique de Tanneron-L'Oustaou dou Païs, maison de pays avec des produits du terroir et une exposition dédiée au travail autour du mimosa. Tanneron descend jusqu'aux berges de Saint-Cassien, lac de retenue partagé avec la commune de Montauroux et Caillan. Ce lac artificiel, mis en eau entre 1965 et 1966, est alimenté par les eaux du Biançon et de la Siagne. C'est un espace à usage multiple. Il sert à l'écopage des canadairs lors des incendies qui touchent les forêts méditerranéennes. Riche en poissons, il attire les pêcheurs. Sa centrale EDF dispose d'une puissance installée de 20 MW. Très fréquenté en été, le lac multiplie les activités nautiques. Quant à son environnement, il a développé une grande biodiversité. La réserve ornithologique du biotope de Fondurane abrite sur 43 ha, 182 espèces d'oiseaux observées. Le sentier numérique de Fondurane permet de faire sa découverte de manière ludique et interactive, avec votre smartphone et vos écouteurs. En outre, partent de Fondurane plusieurs sentiers de randonnée à travers les bois dont celui du Lac de Saint-Cassien : 16 km pour 5 h de marche.

MONTAUROUX, VILLAGE DES FONTAINES

Village de fontaines et de lavoirs étagé en gradins de 150 à 400 m d'altitude, Montauroux est connu comme capitale du vol à voile et balcon de l'Estérel. Son vieux village autour d'une forteresse, plein sud, face aux massifs de l'Estérel et des Maures ne manque pas de séduction. Des édifices médiévaux notables subsistent, dont la chapelle Saint-Barthélemy de Montauroux dite chapelle Dior, car le couturier avait financé la restauration de sa spectaculaire voûte en berceau recouverte de panneaux de bois peint. Christian Dior vécut au château de la Colle Noire, superbe bâtisse du XIXe siècle. Après Montauroux, vous trouvez Callian aux rues en spirale autour du château féodal (privé) bâti entre les XIIe et XIIIe siècles. La chapelle Notre-Dame-des-Roses avec sa tour clocher ornée d'arcatures lombardes est le plus ancien monument religieux du village. Mais ce qui distingue Callian c'est son église Notre-Dame-de-l'Assomption au clocher quadrangulaire couvert de tuiles vernissées. Au Moyen Âge, Callian était un bourg important dont les terres s'étendaient jusqu'à la Napoule au bord de la mer. Au cimetière de Callian, vous pouvez vous recueillir sur les tombes de Sœur Emmanuelle, de Christian Dior, de Nadia Léger et quelques autres moins célèbres.

DE TOURRETTES L'ARTISTIQUE À FAYENCE L'AÉRIENNE

Sur la place de l'Horloge, point culminant de Tourrettes, une table d'orientation détaille le panorama sur fond de massifs des Maures et de l'Estérel et la Méditerranée à l'horizon. En déambulant dans ce village, musée à ciel ouvert, 70 œuvres d'art s'offrent à vous, peintures et sculptures confondues.

L'occasion d'une promenade escarpée de ruelles en escaliers, de passages voûtés en impasses.

Si vous avez du temps et un budget nourriture adapté, réservez une table au Faventia, restaurant gastronomique et panoramique où les produits régionaux et les saveurs méditerranéennes sont mis à l'honneur.

Puis vous pouvez rejoindre à pied, à deux pas vraiment, le village voisin de Fayence, le chef-lieu du pays du même nom, village sous des vents favorables. Fayence tire son nom du latin *faventia* « lieux agréables ». C'est le cliché du village provençal à flanc de colline ! Dominé par une tour de l'Horloge qui offre, tout comme celle de Tourrettes, un panorama grandiose. Fayence se découvre de ruelles tortueuses en places ombragées de platanes.

Cherchez le Four du Mitan au mitan doù vilage, ancien four à pain du XVIe siècle, aujourd'hui musée avec visite audio commentée. Le mercredi, s'y tient l'atelier de costumes des Amis du Four du Mitan, reproduisant, pour les fêtes traditionnelles, les costumes provençaux de Fayence.

SEILLANS, L'UN DES PLUS BEAUX VILLAGES DE FRANCE

Assurément l'un des joyaux de votre parcours. Seillans a conservé l'âme pittoresque des villages perchés provençaux et les vestiges de son enceinte fortifiée. Ses maisons étagées en gradins, son entrelacs de ruelles pavées, ses placettes, ses artisans et artistes lui confère beaucoup de charme. C'est d'ailleurs une étape sur le circuit touristique de la Méditerranée à vélo. Séduits par ce village, Max Ernst (1891-1976) et son épouse, Dorothéa Tanning (1910-2012) y séjournèrent durant les 12 dernières années du peintre.

Dorothéa Tanning fit don de quelques-unes de leurs estampes exposées à la Maison Waldberg aux côtés d'œuvres de l'artiste Stan Appenzeller (1901-1980) qui vécut également à Seillans. Cette maison était la maison de vacances où l'écrivain et critique d'art Patrick Waldberg recevait ses amis surréalistes, dont Max Ernst. Les ruelles pavées de Seillans grimpent jusqu'à la porte sarrasine et l'église St-Léger du XIIe siècle. En redescendant, faites une escale gourmande sur la place de la fontaine investie en été par la terrasse du restaurant La Gloire de mon père. Hors du temps ! De Seillans part la magnifique randonnée Les deux sommets de la Pigne, boucle de 16,5 km et 753 m de dénivelé (6 h de marche) qui s'élève jusqu'à une crête boisée d'où la vue plonge jusqu'à la mer.

MONS, CAMP DE BASE DANS UN VILLAGE MÉDIÉVAL

L'accès à Mons depuis Seillans offre l'un des plus incroyables points de vue sur les gorges de La Siagnole. Au sortir d'une forêt de chênes et de pins, à 814 m d'altitude sur son éperon, vous arrivez à Mons, village le plus élevé du pays de Fayence. Depuis la grande place Saint-Sébastien, tout au bout du village, vous jouissez d'un panorama grandiose sur la succession des montagnes avec au fond la mer. Par temps clair, on peut même parfois apercevoir la Corse.

Classé Village de caractère, Mons abrite un riche patrimoine. Il faut visiter l'église Notre-Dame-de-l'Assomption pour son ensemble de retables baroques. Le village est un dédale rues et calades, d'arcades et porches, de lavoirs et fontaines. Vous pouvez loger en son cœur dans le gîte de randonnée de la commune labellisée Accueil vélo.

Il faut dire que Mons est traversé par le GR49 et le GR de Pays des Villages perchés de la Haute-Siagne. On peut aussi grimper jusqu'au sommet du Mont Lachens (1 714 m), point culminant du Var. D'autres randonnées à la journée sont possibles et une petite promenade familiale vous mène au Mégalithe de Riens en 4 km.

Sans oublier le circuit des 35 enseignes en fer forgé d'anciens métiers au sein du village. Pour en savoir plus sur le village et sur la vie en Provence, faites un tour à la Maison Monsoise. Cette ancienne maison réhabilitée en musée présente les éléments architecturaux de la vie d'autrefois et conserve une collection d'objets donnés par les habitants du village.

© NOAK/LEBARFLOREAL

LAURENT MILLARD

Éco-garde du Pays de Fayence

Ne lui demandez pas de vous révéler le site ténu où l'on trouve cette plante endémique qui pousse sur les hauteurs du Pays de Fayence et nulle part ailleurs dans le monde, ni même son nom. Pour assurer sa préservation, il ne vous dévoilera rien. Salarié de la communauté de communes du Pays de Fayence et des gorges de la Siagne, Laurent Millard est l'éco-garde référent des espaces naturels du territoire : « *Je suis sur le terrain pour mener une veille et rappeler quelques règles de sécurité et quelques interdits. Ne pas faire de feu, ne pas laisser de déchets dans la nature. Quelques gestes de civisme aussi comme bien refermer les clôtures si l'on doit traverser un pâturage sur un itinéraire de randonnée. Certains assimilent la nature à une totale liberté. Ce n'est pas cela ! Nous randonnons le plus souvent sur des terrains privés, chez des propriétaires qui ont la gentillesse de partager l'environnement et de laisser le passage, mais nous n'y sommes seulement qu'invités.* » Même s'il peut verbaliser lors de comportements hors la loi, Laurent Millard s'attache surtout, à informer et sensibiliser le public et à partager des connaissances naturalistes. Un rôle pédagogique avant tout. Ce passionné de chiro…, alias les chauves-souris participe au comptage hivernal dans les cavités des gorges durant leur sommeil ou lors de leur envol ce qui est plus sportif !

« *Nous avons tant de biodiversité, tant de sites naturels exceptionnels sur ce territoire ! Plus on le connaît, plus on l'aime, plus on le respecte. Mais mon site préféré reste les gorges de la Siagne.* » Forcément il est originaire de Saint-Cézaire-sur-Siagne et fréquentait déjà ce site lorsqu'il était enfant, avec son père.

Escapade à SAINT-PAUL-EN-FORÊT *et* BAGNOLS-EN-FORÊT

Ces deux villages du pays de Fayence, excentrés, ne sont pas sur notre parcours, toutefois ce sont des territoires de nature exceptionnels. En bordure du massif de l'Estérel, Saint-Paul-en-Forêt attire les amoureux de la nature avec ses balades au lac du Rioutouard, sa ceinture de pins, de chênes blancs et de chênes-lièges. On pique-nique sur les bords de la rivière de l'Endre. On suit le sentier botanique réalisé par les enfants du village avec panneaux d'informations sur la faune et la flore locales.

De même immergé dans un environnement naturel, Bagnols-en-Forêt offre une porte sur le Pays de Fayence et un balcon sur la Côte d'Azur. Son nom à lui seul évoque sa situation à proximité de splendides forêts qui offrent de nombreuses promenades agrémentées de merveilleux points de vue. De l'occupation préhistorique, il reste encore l'oppidum de la forteresse, les anciennes tailleries de meules à découvrir en randonnée sur des crêtes majestueuses qui dominent le paysage et offre une vue panoramique jusqu'à la mer.

Les gorges du Blavet sont un petit canyon boisé où coule un ruisseau, bordé de parois rouges de 80 m de haut. Une randonnée en boucle de 4 h et 10 km à pied permet de profiter au mieux de ce site naturel. Par ailleurs, à Bagnols-en-Forêt, les Gorges du Blavet sont un sport d'escalade réputé.

Balade naturaliste à FONDURANE

Situé dans la partie ouest du lac de Saint-Cassien, le biotope de Fondurane, réserve ornithologique créée en 1988, abrite sur 43 ha une grande variété d'oiseaux (182 espèces observées). Le plus petit héron du monde niche ici, l'hirondelle rousseline est de passage, la cistude d'Europe, petite tortue aquatique menacée, y trouve refuge. L'EDF propriétaire des lieux en a confié la gestion au Conservatoire d'Espaces Naturels de Provence-Alpes-Côte d'Azur. Cette réserve du vivant abrite des roselières et les espèces de chênes les plus rares de France, le faux chêne-liège - ou chêne crénelé, *Quercus crenata* -, et son proche cousin le chêne chevelu. Un sentier d'interprétation vous permet de découvrir ce site naturel en une ou deux heures de marche. Venez avec vos jumelles. Un observatoire situé sur le parcours permet d'apercevoir les espèces d'oiseaux, de passage ou hivernantes, nichant sur le lac : grèbes, blongios, râles d'eau, hérons, busard des roseaux… Sur ce site sensible à la fréquentation, ne vous écartez pas du sentier balisé et veillez à ne pas déranger la faune. Avec l'application Cirkwi, à télécharger en amont et des écouteurs vous pouvez suivre le Sentier de découverte numérique (Sentier numérique à Fondurane). Un parcours facile de 4 km. Possibilité de visiter cette réserve avec une guide naturaliste. Renseignez-vous sur http://enf-conservatoires.org/ ou dans les offices de tourisme.

LES BONNES ADRESSES SUR LE PARCOURS

- **Le Champ d'Eysson**
485 chemin de Chambarot
83440 Montauroux
✆ 04 94 85 70 00
https://champdeysson.com

- **Gîte de randonnée de Mons**
5 Rue Pierre Porre
83440 Mons
✆ 04 94 76 01 02

- **Marcel & fils**
Chemin de l'aven
Le plan Occidental
RD 652
83440 Montauroux
✆ 04 94 85 85 00
https://marceletfils.com

- **Boulangerie O Pain Provençal**
83440 Callian
✆ 09 73 27 22 68

- **Famille Rebuffel**
Chemin de l'Establerie
83440 Callian
✆ 09 61 35 28 32

- **Food Truck Optits'z oignons**
15 avenue René Cassin,
83440 Fayence
✆ 06 14 15 26 31

- **O'Bento**
Food truck sur le parking de la boutique de vente à la Ferme de la Famille Rebuffel de Callian
✆ 06 22 71 84 43

- **Quartier Les Grandes Terrasses**
Rond-Point d'Intermarché
83440 Tourrettes
✆ 06 22 71 84 43

- **La Gloire de mon père**
1, place du Thouron
83440 Seillans
✆ 04 94 60 18 65
www.lagloiredemonpere.fr

- **Les bambous du Mandarin**
5600 RD 562
Pont de Siagne
✆ 83440 Montauroux
04 93 66 12 94

- **La Maison Monsoise**
14 rue Pierre Porre
83440 Mons
✆ 04 94 76 01 02

- **Boutique Newbike**
RD 562 Centre Sirius
83440 Montauroux
✆ 04 94 50 70 92

ÉCO-VOYAGEUR

Sentier des Ocres à Roussillon.

Il est aujourd'hui essentiel de préparer son voyage en pensant à son impact écologique. Pourtant, il n'est pas toujours facile de faire la différence entre bonne idée écoresponsable et greenwashing !

Quelle marque privilégier pour notre maillot de bain ou notre crème soleil, quel logement choisir ? Si je ne peux pas aller jusqu'à ma destination en train, quelle solution la plus « verte » possible choisir ? Bien qu'il existe une multitude de labels pour nous aider, tous ne sont pas connus du grand public, il était alors important de leur donner une plus grande visibilité. Pour vous aider tout au long de votre séjour, nous avons décidé de regrouper à la fin de ce guide nos astuces et nos conseils pour des vacances au vert !

Les indispensables DU VOYAGEUR

VOYAGER DANS LE RESPECT DE L'ENVIRONNEMENT, ÇA COMMENCE PAR LA VALISE ! LE SAC DE L'ÉCOVOYAGEUR COMPORTE DES VÊTEMENTS FAITS POUR L'ACCOMPAGNER DANS SES AVENTURES, TOUT EN RESPECTANT L'ENVIRONNEMENT. POUR CELA, ON ACHÈTE D'OCCASION DANS LES FRIPERIES OU SUR LES PLATEFORMES DE SECONDE MAIN, COMME VINTED.

SI VOUS NE TROUVEZ PAS VOTRE BONHEUR EN OCCASION, VOUS POUVEZ ÉGALEMENT VOUS TOURNER VERS WE DRESS FAIR, LA PLATEFORME EN LIGNE DE VENTE DE VÊTEMENTS ÉCOLOGIQUES. CONCERNANT LES COSMÉTIQUES, IL EST D'AUTANT PLUS DIFFICILE DE S'Y RETROUVER, QUE LES INGRÉDIENTS SONT GÉNÉRALEMENT INDIQUÉS EN LATIN !

POUR CELA, ON SE LAISSE GUIDER PAR LES LABELS, COMME SLOW COSMÉTIQUE, NATURE & PROGRÈS OU COSMOS. POUR RÉDUIRE VOTRE BILAN CARBONE, PENSEZ ÉGALEMENT À RENDRE VISITE AUX NOMBREUX ARTISANS SAVONNIERS RÉGIONAUX, PLUTÔT QUE DE COMMANDER SUR INTERNET. ENFIN, POUR S'ÉQUIPER, AVANT D'ACHETER DU NEUF, ON PENSE À REGARDER LES RECYCLERIES, DES ESPACES OÙ L'ON POURRA TROUVER TOUTES SORTES D'OBJETS AUXQUELS ON A ÉVITÉ LA DÉCHARGE, EN LES NETTOYANT, RÉPARANT, OU MÊME EN LES DÉTOURNANT !

S'HABILLER

Pour parfaire sa garde-robe, on adore Andore Paris et ses vêtements hauts un brin pop, en matières recyclées. Côté élastiques à cheveux, c'est Chou2, et ses élastiques à cheveux haut de gamme en tissus de récup qui fera notre bonheur. Chez Girafon Bleu, on achète des t-shirts, chemises et autres sweats en coton bio, dont les bénéfices sont en partie reversés pour la conservation des girafes. On aime aussi Thinking Mu, et son vestiaire survitaminé en matières bio et recyclées. Pour nos gambettes, c'est Nudie Jeans, qui nous fournira des jeans en coton bio certifié. Et ces messieurs tomberont sous le charme de Bask in the Sun, la marque masculine du Pays basque, en matières durables certifiées et fibres recyclées.

Les grands sportifs apprécieront quant à eux Lagoped et ses vêtements de ski, d'escalade et de rando recyclés. Ils se tourneront aussi vers Ternua, la marque de sports de montagne en matériaux durables innovants. Enfin, un grand classique : Patagonia, et ses vêtements de montagne et de surf recyclés ou bio, et en production raisonnée, dont 1 % du chiffre d'affaires est distribué aux associations environnementales.

Côté chaussures, en plus de celles de Patagonia, on adore les baskets écologiques de Veja, en coton bio issu de commerce équitable, caoutchouc naturel amazonien certifié et bouteilles recyclées. Dans un autre style, on enfile aussi les chaussons, mules et espadrilles recyclés d'Angarde, la marque zéro déchet qui recycle vos vieilles paires de chaussures.

Pour ne jamais être ébloui, on fait une confiance aveugle à Friendly Frenchy et ses lunettes de soleil en coquillages et en pépin de raison bio ! Huîtres, Saint-Jacques, moules, palourdes, et même homard bleu, issus des déchets de l'industrie de la pêche, viennent garnir ces montures recyclées, créatives, chics et uniques ! On adore aussi les montures de Sea2See, fabriquées en Italie à partir de plastique recyclé collecté par des pêcheurs en Méditerranée.

SE LAVER

Pour sa trousse de toilette, on raffole de la marque Comme Avant, qui propose des cosmétiques en tout genre, cumulant les labels, emballés en zéro déchet, et naturel et bio. Alors à nous les savons, démaquillants, crèmes solaires, baumes à lèvres et déodorant fabriqués en France et éthiques ! On est aussi sous le charme d'Andro Cosmétiques, la marque bretonne de cosmétiques bio et naturels sans emballage plastique. En plus d'une gamme classique composée entre autres de shampoings, gommages et masques, la marque propose une gamme anti-âge très complète pour prendre soin de sa peau même en voyage ! On peut aussi faire ses achats chez Huygens, une marque de cosmétiques bio et naturels fabriqués en France. Dans des emballages biodégradables, on trouvera toutes sortes de soins visage, gels douche, laits pour le corps, crèmes, parfums… En fait, la gamme est si complète qu'on pourrait facilement y garnir toute notre trousse de toilette !

Quand on sait à quel point l'industrie cosmétique produit du plastique en quantité, il est le bienvenu de fournir sa trousse de toilette en produits zéro déchet. Alors pour le démaquillage, on utilise des disques de coton lavables, comme ceux de Clarange, fabriqués en France, bio, et de très haute qualité. On adore aussi toute la gamme de Pachamaï : la marque française de cosmétiques zéro déchet : dentifrices, démaquillants et shampoings solides, mais aussi des accessoires, comme des brosses à dents en matériaux durables ou des cure-oreilles réutilisables.

Côté savon, les marques locales et artisanales ne manquent pas, mais on adore Marcus Île de Groix. Ses savons bio aux parfums divins ont l'air tout droit sortis d'une herboristerie ! Tout est fabriqué sur l'île de Groix, en Bretagne, souvent avec des herbes et essences locales.

Enfin, l'indispensable du voyageur, la crème solaire, doit faire l'objet d'un choix attentif ! On sait maintenant que les composés des écrans solaires traditionnels, comme l'oxybenzone, nuisent à la vie marine. On se tourne alors vers SeventyOne Percent, la marque de crèmes solaires naturelles, créée par des surfeurs, qui reverse 1 % de ses bénéfices à des associations de protection de l'environnement. Sinon, on se tourne vers EQ. Les surfeurs sont décidément bien inspirés pour protéger la nature ! Ceux-ci nous viennent de Biarritz, et nous proposent des écrans solaires minéraux, bio, intégralement naturels, et dans des emballages recyclables.

S'ÉQUIPER

Côté bagagerie, 727 Sailbags fera votre bonheur ! Ses sacs à dos, sacs à main, cabas ou gros sacs de voyage, sont tous cousus à partir de voiles de bateaux recyclées ! Vous trouverez aussi des sacs parfaits chez E2R et sa gamme très large de maroquinerie et bagagerie : bagages cabines, valises, portefeuilles, sacs de sport, trousses de toilette… L'originalité ? Ils sont fabriqués en textiles de sièges de voiture et de ceinture de sécurité recyclés !

Pour les sportifs, on peut aussi se fournir durablement ! Pour les skis, on s'équipe chez Rossignol. Le dernier industriel à fabriquer ses skis en France, est engagé en faveur de l'écologie, en soutenant diverses associations, utilisant des matériaux naturels recyclés, et bien plus encore. Les surfeurs, eux, trouveront leur bonheur chez Nomads Surfing, une entreprise française de planches et d'accessoires de surf en matières recyclées, recyclables et naturelles.

Dans son sac, on glisse aussi une gourde éco-conçue Gobi, fabriquée en France par des personnes en situation de handicap. On ajoute une batterie externe en plastique recyclé, pour charger son portable en toute situation, de la marque française XMoove. Pour dormir royalement pendant ses voyages en train, on s'équipe d'un masque de voyage en lin bio, garni de lavande, réputée pour ses vertus sur le sommeil, de la marque Mille Oreillers.

Les labels et ORGANISMES

S'IL Y A DE QUOI SE PERDRE DANS LA MYRIADE DE LABELS QUI EXISTENT, ILS SONT POURTANT FAITS POUR VOUS SIMPLIFIER LA VIE !

EN UN LOGO, ILS ATTESTENT QUE LE LIEU LABELLISÉ S'EST PLIÉ À UN CAHIER DES CHARGES STRICT ET COMPLET. ILS SONT AUSSI BIEN DÉLIVRÉS PAR LE GOUVERNEMENT QUE PAR DES ASSOCIATIONS, ET MÊME PARFOIS DES ENTREPRISES. ENSEMBLE, ILS COUVRENT UN LARGE ÉVENTAIL D'ENGAGEMENTS, QUI PEUVENT ÊTRE DE NATURE ÉCOLOGIQUE, PATRIMONIALE, SOCIALE, CULTURELLE… ON VOUS AIDE À Y VOIR PLUS CLAIR !

LES LABELS DES COMMUNES

Entre les certifications décernées par l'État, et celles attribuées par des associations ou le secteur privé, il y a de quoi perdre ses repères ! Les labels attribués aux communes peuvent se diviser en deux principales catégories : ceux qui attestent d'une certaine gestion du patrimoine, et ceux qui attestent de la durabilité de la destination.

Le label Villes d'art et d'histoire est décerné par le ministère de la Culture aux villes qui optent pour une politique de valorisation et de préservation de leur territoire. Elles sont environ 120 villes à avoir obtenu ce label, gage de leur volonté de protéger leur patrimoine bâti ou naturel.

Les Plus Beaux Villages de France, c'est avant tout le nom d'une association, qui a à cœur de valoriser le développement rural et de combattre la désertification des petites communes. Pour obtenir la certification, les 172 villages labellisés ont dû répondre à 31 critères scrupuleux, concernant leur patrimoine et sa valorisation.

Petites cités de caractère® est également le nom d'une association, qui valorise les petites villes de moins de 6 000 habitants, autrefois centres économiques, ou culturels, qui ont vu leurs activités se réduire. La commune doit alors répondre à des critères tels qu'avoir un site classé Monument Historique ou Site Patrimonial Remarquable, et un programme de restauration.

Les Plus Beaux Détours de France est une association, dont le label éponyme met en avant les petites communes écartées des grands axes routiers, et qui vaudraient pourtant bien la découverte !

Stations Vertes est un label associatif décerné aux stations de campagne, de mer ou de montagne, qui ont mis en place une politique en faveur d'un tourisme durable. On compte près de 500 stations vertes, dont un tiers localisé dans des parcs régionaux !

Le label Villes et Villages Fleuris regroupe 4 626 communes françaises qui ont végétalisé leur territoire. Chacune est notée entre 1 et 4 fleurs, selon le degré de fleurissement, et seules 277 ont obtenu la note maximale !

Le label Villes et Villages étoilés est attribué par l'ANPCEN aux communes et territoires agissant volontairement contre la pollution lumineuse, par une approche plus globale des éclairages extérieurs pour réduire leurs différents impacts, en modifiant d'abord la conception et les pratiques et en associant habitants et acteurs locaux.

Le label Ville vélotouristique, décerné par la Fédération Française de Cyclotourisme, célèbre les villes qui mettent en place des infrastructures pour les cyclistes : voies cyclables, lieux de stationnement, point d'informations, de location ou de réparation, et circuit cyclable entre les sites remarquables.

LES LABELS DES HÉBERGEMENTS

Qu'il s'agisse des hôtels, gîtes, campings ou autre, les hébergements eux aussi bénéficient de labels. Si vous voyez l'un d'entre eux, vous pouvez être sûrs que l'établissement suit un cahier des charges précis, alors ouvrez les yeux !

La Clé Verte est un label très complet qui assure que l'hébergement a mis en place une vaste politique durable, allant des achats responsables (alimentaire, entretien, mobilier...) à la gestion des déchets, en passant par la sensibilisation à l'environnement.

Accueil Vélo est une marque qui récompense notamment les hébergements adaptés pour les cyclistes, avec au moins un abri à vélo, un kit de réparation, une prise de recharge, un circuit cyclable à moins de 5 km, un sèche-linge et un transfert de bagage.

L'Écolabel européen est attribué aux entreprises, hôtels ou autres signataires d'un cahier des charges strict, comptant 67 critères, allant des énergies renouvelables à la gestion des énergies et des déchets.

Un établissement Refuge LPO est signataire d'une charte auprès de la Ligue pour la Protection des Oiseaux. Il s'engage alors à créer sur son terrain des conditions propices à l'installation de la faune et de la flore sauvages et à réduire son impact sur l'environnement. Zéro produits chimiques, installation de nichoirs ou zones d'herbes hautes sont des exemples d'actions pour faire de son espace extérieur une zone de protection de la biodiversité.

Green Globe est un label international qui œuvre pour le développement durable. Si un hôtel porte ce label, c'est qu'il a mis en place une série de critères sociaux, économiques, culturels et environnementaux.

Les Hôtels au Naturel sont des hôtels intégrés dans un espace naturel préservé, tout en ayant à cœur la préservation de l'environnement.

Le label Gîtes Panda est attribué par la WWF aux établissements respectant quatre piliers : la protection de la nature dans les espaces extérieurs, une conception architecturale respectueuse de l'environnement, une politique durable en gestion des énergies, de l'eau et des déchets, et la sensibilisation de la clientèle.

Les Écogîtes sont des hébergements chez l'habitant en milieu rural, qui répondent à des exigences strictes en matière de protection de l'environnement.

LES LABELS DES RESTAURANTS ET DE L'ALIMENTATION

Parce que l'agriculture et l'alimentation jouent un rôle majeur dans le virage écologique, soyez attentif à ces labels. Ils assurent que les restaurants et produits alimentaires qui les portent ont mis en place une politique environnementale stricte.

Écotable est une structure qui accompagne les restaurateurs vers leur transition écologique, puis leur attribue un label, entre 1 Écotable et 3 Écotables, selon leur degré d'implication. 1 Écotable indique par exemple 15 % au moins de produits biologiques, 2 Écotables indiquent 30 %, et 3 Écotables au moins 50 %.

Le label Green Food, affiché sur un restaurant, indique qu'il est signataire de la charte éponyme, et s'engage donc vers 10 critères, tels que l'utilisation de produits bio et/ou locaux, le tri des déchets, la revalorisation des déchets organiques ou encore proposer au moins un menu végétarien.

L'Agriculture Biologique, indiquée par un logo AB ou une feuille en étoiles sur fond vert, indique une agriculture qui a exclu les produits chimiques de synthèse et les OGM. Elle garantit des pratiques environnementales optimales, le respect de la biodiversité, la préservation des ressources naturelles et l'assurance d'un niveau élevé de bien-être animal. Depuis peu, les restaurants peuvent également être certifiés AB, et classés en trois catégories selon le pourcentage de produits bio : AB 50 %, AB 75 % ou AB 95 %.

Les Appellations d'Origine Protégées (AOP) désignent un produit intégralement créé dans une zone au savoir-faire reconnu, et ainsi protégé à échelle européenne. L'Appellation d'Origine Contrôlée (AOC), quant à elle, indique la même protection, mais à échelle française. Les deux protègent un savoir-faire traditionnel ! Les conditions de production de chaque produit AOP ou AOC sont consignées dans un cahier des charges contrôlé par les pouvoirs publics.

Les Indications Géographiques Protégés (IGP) garantissent elles aussi un lien à l'origine et une protection à l'échelle européenne. Pour des produits agricoles, agroalimentaires, une étape au moins parmi la production, la transformation ou l'élaboration du produit doit avoir lieu dans l'aire géographique délimitée. Pour les vins, toutes les opérations réalisées depuis la récolte du raisin jusqu'à la fin du processus d'élaboration du vin sont réalisées dans la zone géographique considérée. Les conditions de production des IGP sont consignées dans un cahier des charges contrôlé par les pouvoirs publics.

Pêche Durable est un label public français assez récent, puisque créé en 2017, et qui répond pourtant à une nécessité : proposer au consommateur des acteurs de la pêche qui n'impactent pas les écosystèmes, et assurent des conditions sociales satisfaisantes aux pêcheurs, et surtout une qualité des produits.

La Haute Valeur Environnementale est une certification de l'État, qui garantit que les pratiques agricoles d'une exploitation préservent son écosystème : sol, eau, biodiversité…

Ecocert est un label privé, mais reconnu par les autorités, qui œuvre notamment pour l'agriculture biologique. Il garantit des produits qui suivent des critères stricts en matière de bio ou de naturalité et des règles de production plus respectueuses de l'environnement et de la santé.

LES AUTRES LABELS

Espaces verts, ports, plages, sites naturels… Les labels couvrent une grande partie de l'offre touristique ! Et tant mieux : en un sigle seulement, ils garantissent au vacancier la grande qualité de l'acteur touristique, et lui facilitent la vie !

PEFC, ou le Programme de reconnaissance des certifications forestières, garantit la gestion durable d'une forêt. C'est le sigle qu'a choisi le Petit Futé pour sa collection Durable et Responsable !

Bienvenue à la Ferme est un réseau de fermes qui proposent une vente directe de produits, mais également un accueil : hébergement, restauration, ou activités…

Le Pavillon Bleu flotte au-dessus des plages et des ports du monde entier qui ont mis en place une gestion durable : propreté de l'eau, gestion des déchets, affichages d'informations de sensibilisation du public…

Le label Jardin Remarquable couronne les espaces verts d'un intérêt culturel ou botanique particulier. Il existe également un label arbre remarquable !

EcoJardin est un label pour les espaces verts publics ou privés gérés écologiquement, respectant toutes les composantes de l'environnement : le sol, l'eau, la faune et la flore tout en conciliant les usages. Le label concerne toutes les typologies d'espaces verts : parcs, squares, jardins mais également cimetières ou campings !

Grande Randonnée (GR®) : les GR sont de longs itinéraires pédestres balisés que l'on effectue en plusieurs jours, voire plusieurs semaines. Ils permettent de découvrir le territoire autrement sur des chemins remplis d'histoires ! On les remarque à leur marque de peinture blanche et rouge. La France en compte plus de 300 dont certains très connus comme le sentier des Douaniers ou la Grande traversée des Pyrénées !

LES ORGANISMES

Les Grands Sites de France sont quelques sites naturels d'exception en France qui ont reçu ce label par le ministère de l'Écologie, gage de leurs efforts de conservation et de la gestion raisonnée de leur haute fréquentation.

La marque Valeurs Parc naturel régional est attribuée aux acteurs présents dans l'enceinte des parcs naturels régionaux qui valorisent leur territoire par leurs produits ou leurs prestations, la rencontre et le partage de leur activité et qui contribuent à protéger la richesse de leur milieu naturel. En consommant leurs produits et services, on contribue à faire perdurer ces petites entreprises et à protéger le territoire.

Office Français de la Biodiversité (OFB) : cet établissement public a pour mission de surveiller, préserver et restaurer les espèces vivantes françaises.

Conservatoire du littoral : le but de cet établissement public sans équivalent dans d'autres pays, est la conservation et la restauration du littoral français. Pour cela, son arme principale est d'acquérir des sections côtières, pour s'assurer qu'elles ne soient pas en proie aux constructions.

Natura 2000 : ce réseau de l'Union européenne rassemble des sites naturels d'un grand intérêt, dans le but d'en préserver la biodiversité, tout en prenant en compte les besoins des populations locales.

Office national des forêts (ONF) : la mission de cet établissement public est de gérer les forêts publiques françaises, et notamment d'en assurer une exploitation durable, dans une logique de conservation de la biodiversité.

Parc naturel régional (PNR) : un territoire rural habité et à fort intérêt patrimonial, mais à prédominance naturelle fragile, qui a opté pour la protection de ce patrimoine naturel et culturel. À la différence d'un parc national, le PNR n'a pas le pouvoir d'interdire la chasse, la pêche ou la construction, mais encourage la protection, notamment à travers le label Valeurs Parc naturel régional. La France en compte près d'une soixantaine.

Parc national : une zone naturelle tout à fait exceptionnelle, par sa faune, sa flore, et ses paysages. Il se compose d'un cœur, où les activités humaines sont strictement réglementées, et d'une périphérie, non réglementée, mais où le parc doit encourager le développement social et économique. La France en compte un peu plus d'une dizaine.

Objectif voyage 0 CARBONE

LES SCIENTIFIQUES DU GIEC, DES EXPERTS INTERNATIONAUX QUI ÉTUDIENT LE CLIMAT DEPUIS PLUS DE 30 ANS, SONT UNANIMES : LE RÉCHAUFFEMENT CLIMATIQUE S'ACCÉLÈRE DE MANIÈRE ALARMANTE.

PIRE ENCORE : LE SEUIL D'1,5 °C DE RÉCHAUFFEMENT CLIMATIQUE, OBJECTIF VISÉ PAR L'ACCORD DE PARIS, POURRAIT ÊTRE ATTEINT D'ICI 2030. FACE À CETTE SITUATION, IL EST GRAND TEMPS DE SURVEILLER SON BILAN CARBONE ! DERRIÈRE CE NOM OBSCUR, SE CACHE UN CALCUL RECONNU PAR LES ACCORDS INTERNATIONAUX, QUI PERMET DE COMPTABILISER LES ÉMISSIONS DE GAZ À EFFET DE SERRE D'UNE ENTREPRISE OU D'UN INDIVIDU. CAR LE BILAN CARBONE NE COMPTABILISE EN RÉALITÉ PAS SEULEMENT LE DIOXYDE DE CARBONE, MAIS BIEN SIX GAZ DIFFÉRENTS, DONT L'IMPACT SUR LE RÉCHAUFFEMENT CLIMATIQUE A ÉTÉ RECONNU. LE CO_2 ÉTANT LE PLUS RÉPANDU, LES AUTRES GAZ, POUR DONNER UN RÉSULTAT UNIFORME, SONT CONVERTIS EN ÉQUIVALENT CARBONE, C'EST-À-DIRE QU'ILS SONT EXPRIMÉS EN TONNES DE CO_2.

POUR CALCULER SON BILAN CARBONE, IL SUFFIT DE SE RENDRE SUR LE SITE DE L'ADEME, L'AGENCE DE L'ENVIRONNEMENT ET DE LA MAÎTRISE DE L'ÉNERGIE.

LES TRAINS

Les données du gouvernement sont sans appel : les transports sont ce qui pèse le plus lourd dans la balance des gaz à effet de serre (GES). En 2019, ils représentaient un tiers des émissions françaises ! Pour l'immense majorité d'entre elles, elles sont issues du transport routier. N'allez pas imaginer que vous n'avez pas votre carte à jouer pour retourner la balance, car plus de la moitié de ces émissions routières incombent aux particuliers !

Et les trains dans tout ça ? Ils ne représentent même pas 2 % des émissions liées aux transports ! En fait, en vous installant confortablement dans le siège d'un train, vous émettez 30 fois moins d'émissions de GES que si vous aviez pris le volant tout seul. Et ce chiffre va encore évoluer vers le bien, puisque les compagnies ferroviaires travaillent de plus en plus à tendre vers le 0 carbone. Ainsi, la SNCF développe des trains à hydrogène, qui devraient remplacer les trains fonctionnant au diesel d'ici 2035, bien que les premiers tests ne soient pas très concluants. Le résultat espéré : des trains avec zéro émission de GES.

En plus de cela, le train tend vers une amélioration de ses services de plus en plus complète, notamment avec les billets dématérialisés, qui réduisent considérablement les déchets, ou avec la possibilité de connaître son bilan carbone à l'achat d'un billet auprès de la plupart des compagnies.

Le réseau de chemins de fer a un impact au sol beaucoup moins dévastateur que le réseau routier. Ici, pas de surfaces immenses de bitume qui imperméabilise les sols. Le train permet aussi de désengorger les villes, de réduire la pollution sonore, mais également la pollution lumineuse, véritable désastre insoupçonné pour la biodiversité. La cerise sur le gâteau : la plupart des compagnies ferroviaires vous permettent de voyager avec votre vélo !

Vous l'aurez compris, le train coche toutes les cases, et représente ainsi le moyen de transport le plus écologique. Et ça tombe bien, car avec 3 000 gares, la France est très bien fournie ! Au total, cela représente un réseau de 28 000 km de long. Rendez-vous compte : si les chemins de fer français étaient mis bout à bout, cela représenterait un aller-retour Paris-Sydney à vol d'oiseau ! Petites et grandes villes, villages, et même villes européennes… Vous pouvez relier de nombreux endroits en train. Et ça n'est pas près de s'arrêter là, puisque le gouvernement a décidé de relancer les trains de nuit : ces trains qui vous permettent de relier de grandes distances, tout en dormant confortablement. S'endormir dans sa couchette à Paris, et se réveiller pour un petit-déjeuner sur la promenade des Anglais de Nice, tout en ayant une empreinte carbone irréprochable : le rêve de l'écovoyageur futé ?

LE VÉLO ET LA MARCHE

Si le train est le moyen de transport le plus écologique, il existe un mode de déplacement encore moins impactant : nos gambettes ! Si utiliser le vélo ou la marche vous semble une évidence pour les petites distances, sachez pourtant que c'est loin d'être le cas à échelle nationale. Car en France, un trajet en voiture sur 10 fait moins de 3 km ! Dans les agglomérations, cette part est encore plus grande, avec 4 trajets sur 10 !

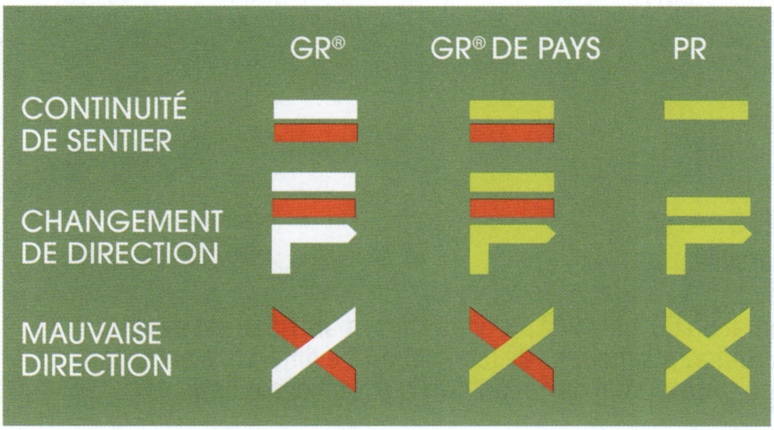

Alors vous n'avez plus qu'à vous mettre en route, et le moins que l'on puisse dire, c'est que vous avez l'embarras du choix. La France compte plus de 180 000 km de sentiers pédestres balisés : l'équivalent de 4,5 fois le tour de la Terre par la ligne de l'Équateur ! Alors pourquoi ne pas se lancer dans une marche conséquente ? Pour cela, on jette un coup d'œil du côté des GR®, acronyme de « Grandes Randonnées ». En France, on compte plus de 300 de ces longs itinéraires balisés, de plusieurs jours à plusieurs semaines, dont le GR®20, l'un des plus difficiles, traversant la Corse, ou le très célèbre GR®34, longeant tout le littoral breton. Mieux vaut avoir les mollets accrochés, mais le jeu en vaut la chandelle !

Côté vélo, les cyclistes ne sont pas en reste, avec près de 20 000 km d'itinéraires aménagés. Et ça n'est pas près de s'arrêter là, puisque, bien conscients de l'intérêt écologique et physique de la pratique du sport, les politiques locales entendent bien multiplier les aménagements. On en compte deux types principaux : les véloroutes, de longs itinéraires partiellement partagés avec les voitures, et les voies vertes, qui sont exclusivement réservées à la circulation non motorisée. À vous de découvrir ces chemins de halage, anciennes voies ferrées, promenades littorales, et bien plus encore !

Certaines véloroutes vous permettent de réaliser de très grands itinéraires, comme la Vélodyssée, la plus longue d'Europe, qui relie le Portugal à la Norvège, en passant par le littoral Atlantique français.

BUS, COVOITURAGE ET VOITURES ÉLECTRIQUES

Autre option : les transports en commun, et notamment les bus et cars. Ils sont généralement gérés à échelle régionale, et chaque région dispose donc de son propre réseau. Lors d'un trajet en bus, un passager rejette environ deux fois moins de GES que s'il avait réalisé son trajet en voiture. Un chiffre qui tend à s'améliorer, car si la flotte de bus française fonctionne encore aux trois quarts au gazole, de plus en plus de villes optent pour des bus électriques. Marseille, Besançon, Paris, Nice, Nantes, Rouen… sont déjà en pleine conversion !

Il reste que certains endroits, qu'ils soient ruraux, en montagne, accidentés ou autres, sont inaccessibles en train, à vélo, ou en bus faute de gare, de voies cyclables ou de lignes. Pour ces endroits-ci, le transport routier est parfois la seule solution. D'accord, mais pas n'importe comment ! On oublie la voiture à essence avec un ou deux passagers, et on opte plutôt pour le covoiturage, un moyen de remplir sa voiture, de réduire ses frais, et de rencontrer de nouvelles personnes. Pour cela, on se dirige vers BlaBlaCar, le leader mondial du covoiturage, avec lequel vous avez le plus de chances de trouver un trajet qui vous convient.

Si vous ne trouvez pas votre bonheur, dirigez-vous vers les réseaux sociaux, qui forment de plus en plus souvent des communautés locales. Les groupes de covoiturage, tout comme les groupes régionaux, sont légion, et vous devriez trouver votre bonheur !

Dernière option, si un véhicule vous est indispensable : opter pour une voiture électrique. Selon l'ADEME, une voiture électrique a un impact 2 à 3 fois inférieur à celui d'une voiture à moteur thermique. Pour cela, encore faut-il avoir une batterie de capacité pas trop élevée, à savoir inférieure à 60 kWh. Au-dessus, l'intérêt environnemental est discutable. Cependant, il faut également garder en tête que le recyclage des batteries au lithium pose également question. Alors la meilleure option reste encore de prendre le train ou de mettre ses mollets à contribution !

Le covoiturage, une manière conviviale et responsable de réduire notre empreinte carbone.

RESPONSABILISER

EN VOYAGE, NOUS AVONS TOUS NOTRE CARTE À JOUER. CAR CERTAINES PRATIQUES DU TOURISME PEUVENT PESER LOURD SUR LA BALANCE DE LA DURABILITÉ : ENTRE BILAN CARBONE, DÉCHETS SUR LES SITES NATURELS, ET DÉGRADATION DE SITES PATRIMONIAUX. EN ADOPTANT QUELQUES BONNES PRATIQUES, IL EST POURTANT SI SIMPLE DE PASSER DES VACANCES DANS LE RESPECT DE LA NATURE ET DES COMMUNAUTÉS LOCALES. PENSEZ D'ABORD À PRIVILÉGIER LES DESTINATIONS PROCHES DE CHEZ VOUS. NOS RÉGIONS REGORGENT DE TRÉSORS, ALORS POURQUOI GONFLER SON BILAN CARBONE ? S'INTÉRESSER AUX RÉGIONS LES MOINS FRÉQUENTÉES PERMET ÉGALEMENT D'AVOIR QUELQUES SURPRISES ET DE TOMBER SUR DE VÉRITABLES TRÉSORS. LOIN DE LA FOULE, VOUS PARTICIPEZ ÉGALEMENT À L'ESSOR ÉCONOMIQUE DE RÉGIONS RURALES ET À COMBATTRE LA SURFRÉQUENTATION DE CERTAINES DESTINATIONS. DANS LA MÊME LOGIQUE : PENSEZ À VOYAGER HORS SAISON ! LES BIENFAITS SONT MULTIPLES : ÉVITER LES FOULES, LES BOUCHONS, PAYER BIEN MOINS CHER, ÉQUILIBRER L'ÉCONOMIE DU TOURISME…

LA CHARTE DU RANDONNEUR

La FFRandonnée a mis au point la charte du randonneur. C'est simple : en suivant ces quelques consignes, vous vous assurez que votre marche n'ait pas d'impact sur la biodiversité des espaces naturels que vous traversez.

- **Respecter les espaces protégés :** qu'il s'agisse des parcs nationaux, des réserves, des espaces Natura 2000, ou bien d'autres, de nombreux espaces naturels sont protégés. Alors avant de découvrir leurs paysages préservés, assurez-vous de prendre connaissance de la réglementation qui les entoure.
- **Rester sur les sentiers :** sortir des espaces prévus pour la randonnée, c'est faire le choix de piétiner des espèces et de détériorer des espaces fragiles.
- **Nettoyer ses semelles :** vos semelles sont pleines de graines et de germes, que vous transportez d'un milieu à un autre sans même le réaliser, ouvrant la voie aux espèces exotiques envahissantes et aux maladies. Pensez à nettoyer vos semelles, particulièrement au retour d'un voyage à l'étranger.
- **Refermer les clôtures et les barrières après son passage :** nos balades nous font traverser des propriétés et des troupeaux ou cultures, alors pensons à rendre à ceux qui nous permettent de traverser leurs terrains, et à ne pas déranger les animaux.

- **Garder son chien en laisse** : même si l'espace est sauvage, même si le chien est dressé, les animaux sauvages, eux, y voient un prédateur, et votre chien pourrait leur porter atteinte.
- **Récupérer ses déchets** : puisque le meilleur déchet est celui que nous ne produisons pas, pensez à limiter les emballages dans vos sacs, et surtout récupérez tout déchet pour le jeter à votre retour.
- **Partager les espaces naturels** : ils appartiennent aussi bien aux randonneurs, qu'aux cavaliers, cyclistes, pique-niqueurs, animaux sauvages, plantes… Alors on se doit de rester attentif aux autres.
- **Laisser pousser les fleurs** : chaque fleur est la possibilité pour une plante de se reproduire, d'autant que certaines espèces végétales sont rares, menacées ou urticantes. Les fleurs sont bien plus belles dans leur espace naturel que dans un vase.
- **Être discret** : pour ne pas perturber les animaux sauvages, il est nécessaire de veiller à ne pas faire trop de bruit, et surtout, ne pas toucher un animal, qui pourrait par la suite être rejeté par sa mère.
- **Ne pas faire de feu** : un nombre important de feux de forêt est dû à un petit feu innocent dont on a perdu le contrôle, alors on oublie le feu, et on appelle le numéro des pompiers (18) au cas où l'on en apercevrait un.
- **Préserver les sites** : grâce au programme Suricate, lancé par le ministère des Sports, vous pouvez signaler tout problème rencontré lors de votre randonnée sur une application ou sur le site sentinelles.sportdenature.fr. L'incident sera ensuite traité par les fédérations sportives de nature et les conseils régionaux.
- **Privilégier le covoiturage et les transports en commun** : cela permet de réduire les émissions de gaz à effets de serre, d'autres polluants, et de limiter le trafic routier.

LES DÉCHETS

Canettes, emballages de sandwichs, mégots de cigarettes, couches pour bébés… Tous les jours, nous sommes confrontés à des déchets qui envahissent l'espace public et la nature. Loin d'être anodins, ils représentent une problématique majeure pour l'écologie, en détériorant les sols, envahissant les habitats des espèces sauvages, et en finissant dans l'océan. Alors lutter contre les déchets devient urgent. Pour cela, il est essentiel de recycler, bien sûr, mais nous pouvons également être acteurs de la propreté des espaces sauvages. Ainsi, lorsque nous croisons un déchet dans la nature ou l'espace public, l'espace d'un instant, il nous est offert l'opportunité de le ramasser. Pendant quelques secondes, nous sommes donc à notre tour responsable de ce déchet, et ce, même sans en être l'auteur.

Lors de vos balades, pensez à vous équiper de gants (réutilisables !) et d'un sac en papier, pour ramasser les déchets que vous rencontrerez. Mieux encore : participez aux marches de nettoyage, ou clean-up, organisées par de nombreuses associations sur tout le territoire.

Pour réaliser l'ampleur du problème, voici alors les durées de décomposition de certains déchets :

- **Papier toilette** : 2 à 4 semaines
- **Papier journal** : 3 à 12 mois
- **Brique de lait** : 5 mois
- **Mégot** : 1 à 5 ans
- **Chewing-gum** : 5 ans
- **Polystyrène** : 50 ans
- **Briquet en plastique** : 100 ans
- **Canette** : 100 ans
- **Masque chirurgical** : 400 à 450 ans
- **Sac plastique** : 450 ans
- **Bouteille plastique** : 100 à 1 000 ans
- **Verre** : 4 000 à 5 000 ans

Utiliser une gourde, un geste simple pour préserver notre planète.

© PHEELINGS MEDIA - ISTOCKPHOTO.COM

CONSOMMER LOCAL

Consommer local est un véritable mode de vie. Cette simple décision a un impact écologique, social et économique. Consommer local, c'est d'abord soutenir les artisans, fermiers, apiculteurs, artistes et autres acteurs de notre environnement. On stimule ainsi toute une économie, et l'activité de notre région. Mais quand on sait que l'alimentation représente un quart des émissions françaises, on comprend aussi que l'enjeu écologique est vital ! Car l'un des avantages premiers de consommer local, c'est le fait de pouvoir consommer de saison. Ainsi, une tomate consommée hors saison consomme 4 fois plus de CO_2 que si elle est consommée entre juin et septembre. Dans la même logique, un kilo de fraise produit 40 % de gaz à effet de serre en plus que si nous les mangions entre mai et juillet ! Et que vous choisissiez la tomate, la fraise ou n'importe quel fruit ou légume de saison, il aura, surtout, bien plus de nutriments et de goût !

Gardez aussi en tête que la saisonnalité ne vaut pas que pour les légumes, mais également pour les poissons et fruits de mer. Ainsi, consommer ces poissons à la bonne saison permet de leur laisser le temps de se reproduire, et donc de ne pas impacter le renouvellement des stocks halieutiques, c'est-à-dire des réserves de pêche, tout en s'assurant d'avoir les meilleures qualités gustatives. Bien sûr, consommer local ne concerne pas que notre alimentation, mais bien tous les biens de notre quotidien : vêtements, cosmétiques, linge de maison, décoration... Cela permet ainsi de réduire grandement les émissions de gaz à effet de serre dues au transport.

Consommer local, c'est choisir de soutenir les producteurs de notre région.

PETIT LEXIQUE DE L'ÉCOVOYAGEUR

- **Écotourisme :** façon de voyager en accord avec les principes du développement durable, et donc qui contribue à la préservation de l'environnement, et de l'équilibre des populations locales.
- **Slow tourisme :** véritable retour à l'authentique, il s'agit ici de choisir de voyager en prenant son temps, tout en privilégiant les mobilités douces, dans une volonté de découvrir profondément sa destination plutôt que de la survoler rapidement.
- **Empreinte carbone :** c'est la quantité de gaz à effet de serre émise par la consommation d'énergie et de matières premières d'une personne, d'un organisme ou d'un procédé. On la mesure en volume de CO_2 émis. Pour son calcul, on prend en compte trois gaz à effet de serre : le dioxyde de carbone (CO_2), le méthane (CH_4) et le protoxyde d'azote (N_2O).
- **Compensation carbone :** il s'agit du fait de contrebalancer ses émissions de carbone, en finançant dans le même temps des solutions de décarbonisation, telles que l'achat de parcelles de forêts, pour absorber le CO_2. Ces projets sont toutefois très décriés, et interprétés par certains comme des achats de permis de polluer.
- **Agrotourisme :** plus que du tourisme en zone rurale, l'agrotourisme,

aussi appelé agritourisme, invite à la découverte des paysages, des traditions et des produits locaux d'un territoire.

- **Slow food** : né en Italie, ce mouvement prône un retour à une alimentation agro-rurale, non transformée, dans le respect des producteurs, de la nature, et surtout pour une qualité des produits optimale. C'est une réponse directe à l'émergence des fast-foods.

- **Locavore** : consommation de produits locaux et de saison, pour contribuer au développement durable.

- **Bio** : au-delà des différentes appellations et labels, un produit bio, c'est tout simplement un produit exempt de produits chimiques de synthèse, tels que les pesticides, herbicides et fongicides.

- **Circuit court** : distribution d'un produit dans laquelle interviennent le moins d'intermédiaires possibles entre le producteur et l'acheteur, au maximum un intermédiaire, mais idéalement zéro !

- **Vin biodynamique** : vin produit selon les principes de l'agriculture biodynamique, mis au point par Rudolf Steiner au début du XXe siècle. L'un des principes majeurs est de suivre le calendrier lunaire. Ces méthodes ne reposent toutefois sur aucun dogme scientifique, et sont considérées comme des pseudo-sciences.

- **Vin naturel** : issu de raisin bio cueilli à la main, le vin naturel exclut tout intrant lors de la vinification. Il s'agit d'un vin qui se détache des méthodes de production industrielle.

- **Développement durable** : c'est une conception du développement qui répond aux besoins du présent sans compromettre la capacité des générations futures à répondre aux leurs, tout en cherchant à avoir un impact bénéfique sur le long terme. Ce type de développement intègre des contraintes environnementales et sociales à l'économie.

- **Biodiversité** : elle désigne la diversité de tous les êtres vivants présents dans un milieu (la biodiversité marine est composée de planctons, d'algues, de poissons, de crabes…)

- **Biotope** : c'est un milieu de vie défini par des caractéristiques physiques et chimiques qui restent uniformes. Ce milieu est influencé par la température, le taux d'humidité et l'éclairement de sa zone. Ces zones sont variées et souvent de taille réduite. Elles hébergent un ensemble de vies formant la biocénose, c'est-à-dire l'ensemble des êtres vivants qui coexistent dans cet espace.

- **Écosystème** : c'est l'alliance des biotopes et de la biocénose. Par exemple, l'écosystème d'un milieu aquatique est induit par la température, son taux de lumière et la salinité de l'eau, ce qui va amener telles ou telles espèces à y vivre.

- **Suivi des espèces** : ces actions, coordonnées par l'Office Français de la Biodiversité, ont pour but de surveiller les effectifs de différentes espèces. Vous pouvez y participer en vous rapprochant de certaines associations locales ou nationales, comme la LPO (Ligue de Protection des Oiseaux).

- **Espèces exotiques envahissantes (EEE)** : après avoir été introduites par l'Homme hors de leur aire naturelle de répartition, ces espèces s'adaptent un peu trop à leur nouveau territoire, au point de devenir une menace pour la biodiversité locale. C'est même l'une des causes majeures de la perte de biodiversité. En France, c'est par exemple le cas du ragondin, du frelon asiatique ou du mimosa. Pensez-y avant de ramener des boutures de vos vacances !

- **Espèces menacées** : l'Union internationale pour la conservation de la nature (UICN) est l'ONG internationale qui fait foi pour attribuer des statuts de conservation, attestant de l'état de la population d'une espèce. Si ce statut est « vulnérable », « en danger », ou « en danger critique », alors l'espèce est considérée comme menacée.

- **Clean up** : aussi appelé nettoyage, il s'agit d'actions de ramassage de déchets, organisées par des associations ou par des citoyens. Chaque année, le troisième samedi de septembre, a lieu le World Clean Up day. Participez-y !

En parler et DIFFUSER

UN ÉCOVOYAGEUR FUTÉ, EST UN ÉCOVOYAGEUR AVERTI !

ÇA TOMBE BIEN : DE PLUS EN PLUS D'INITIATIVES FLEURISSENT, POUR VOUS ACCOMPAGNER DANS VOTRE TRANSITION ÉCOLOGIQUE, VOUS PERMETTRE DE PARTICIPER À DES ACTIONS, OU TOUT SIMPLEMENT VOUS ENRICHIR DE CONNAISSANCES. POUR CELA, ON S'ABONNE À DES WEBZINES EN LIGNE, QUI RÉALISENT SOUVENT UN TRAVAIL ADMIRABLE DE SÉRIEUX, ET PARFOIS MÊME AVEC UN ACCÈS TOTALEMENT GRATUIT, ON TÉLÉCHARGE LES APPLICATIONS, QUI NOUS OFFRENT DE VÉRITABLES COUPS DE POUCE POUR ÊTRE PLUS ÉCOLOGIQUES DANS NOTRE QUOTIDIEN, ET ON ÉCOUTE LES PODCASTS, POUR ENTENDRE DES CONSTATS DE SCIENTIFIQUES OU DES RÉCITS INSPIRÉS D'ACTEURS ENVIRONNEMENTALISTES. ET SI L'ON VEUT PASSER À LA VITESSE SUPÉRIEURE, ON DEVIENT ADHÉRANT D'UNE ASSOCIATION !

LOCALES, NATIONALES, OU INTERNATIONALES, ELLES SONT NOMBREUSES À MENER DES ACTIONS, QU'IL S'AGISSE DE SENSIBILISATION, DE PRESSIONS SUR LES POLITIQUES, OU DE SUIVIS NATURALISTES POUR LES ESPÈCES VIVANTES.

LES MÉDIAS

Pour vous assurer de rester à la page, il existe des médias qui ont décidé de faire de l'environnement leur priorité. C'est notamment le cas de **Reporterre**, une référence en la matière. Ce média entièrement en ligne traite, toujours avec un grand sérieux, de sujets très divers, tels que le réchauffement climatique, le nucléaire, les innovations… Petit plus : le site internet est intégralement en accès libre, sans publicité, et dépend des dons des lecteurs. Pour rester au courant des derniers articles, il vous suffit donc de vous abonner à la newsletter !

On lit aussi les lignes de l'**ID l'Info Durable**, un jeune média d'infos sur le développement durable, lancé sur le web en 2017. Son slogan : « Tous Acteurs » ! Alors pour montrer que tout le monde peut mettre le pied à l'étrier, les articles présentent toutes sortes de propositions sur comment agir au quotidien : dans son alimentation, son travail… et ses voyages !

Un autre média en ligne tout aussi riche : **Natura Sciences**. La ligne éditoriale de ce média se base sur un fait : l'urgence d'agir face au réchauffement climatique. Ainsi, il analyse l'actualité politique et scientifique, en mettant l'accent sur les leviers du changement, avec un certain militantisme.

Pour ceux qui préfèrent quand même le contact du papier, même si le magazine existe aussi en version numérique, on se tourne du côté de **Simple Things**, le magazine de la slow life. Le bimensuel prône un retour aux choses simples et authentiques comme véritable art de vivre. Au programme : artisanat, recettes, tourisme de proximité, bien-être, arts créatifs…

Côté papier, on aime aussi lire **Terra Darwin**. Ce bimensuel associatif totalement indépendant traite des sujets allant de la biodiversité, au climat, en passant par l'écotourisme, l'actualité scientifique et le mieux-vivre.

LES APPLICATIONS ET PODCASTS

Vous recherchez des enquêtes pointues sur les grandes thématiques de l'écologie, sans vous restreindre à un domaine en particulier ? Tournez-vous vers **De Cause à Effet** ! Réalisé avec le sérieux que l'on connaît à France Culture, ce podcast traite dans des épisodes d'une heure, de sujets aussi diversifiés que l'industrie de la mode, les pesticides, la surconsommation ou l'alimentation, tout en n'omettant jamais, pour chaque problématique, d'évoquer des solutions. Un podcast aussi enrichissant qu'inspirant !

Bien plus thématisé, on adore **Les Déferlantes**, le podcast entièrement centré sur la pollution plastique. À l'origine, des experts en la matière : The Sea Cleaners, une ONG qui a fait de la dépollution des océans son combat.

© STOCK-ASSO - SHUTTERSTOCK.COM

Constats, problématiques, solutions, histoire... Au fil des épisodes, de nombreux experts défilent pour évoquer l'enfer du plastique, et son impact sur nos écosystèmes et notre santé.

Pour ceux qui adorent écouter des experts scientifiques, on se dirige vers **Pour que Nature Vive**, le podcast du Muséum national d'histoire naturelle. Loin d'être moralisateur ou pessimiste, le podcast se concentre sur la nature dans tous ses états. Chaque épisode, un scientifique prend la parole sur son thème de prédilection : l'ADN, les perturbateurs endocriniens, les grands singes, l'évolution... Et si vous avez trois quarts d'heure devant vous et vous vous intéressez au réchauffement climatique ? Prenez le temps d'écouter Chaleur Humaine, le podcast du Monde entièrement dédié au climat.

Côté applications mobiles, on télécharge absolument **Sentinelles de la Nature**, qui permet de signaler tout comportement abusif, qui sera alors traité par les autorités compétentes : décharges sauvages, destruction de sites naturels, pollution d'un cours d'eau...

Quand il s'agit de l'alimentation, on télécharge sans hésiter **Too Good to Go**, l'appli qui se bat contre le gaspillage alimentaire, tout en faisant du bien à votre porte-monnaie, et à votre estomac ! Le principe est simple : vous repérez sur l'application les paniers d'invendus proposés par les commerçants autour de vous, allez les récupérer pour un prix largement réduit, et vous mangez bien, tout en évitant des déchets inutiles !

Et au moment de faire son shopping, on pense à utiliser **Clear Fashion**, l'appli qui scanne les étiquettes des vêtements ! Nous le savons : l'industrie de la mode est particulièrement polluante. Alors, soyez un consommateur éclairé, et futé, en analysant en un clin d'œil les compositions, labels et pratiques des vêtements !

Enfin, pour vous accompagner lors de vos balades, pensez à télécharger **BirdNET**. Cette application, développée par l'Université de Cornell (États-Unis) et l'Université Technologique de Chemnitz (Allemagne), analyse en direct les chants des oiseaux, pour vous permettre de les identifier ! C'est presque magique : vous entendez un gazouillement, vous dégainez l'application, et l'espèce apparaît sur votre écran ! Pensez toutefois à confirmer ce diagnostic par votre observation, et munissez-vous de jumelles.

LES ASSOCIATIONS

Face à l'urgence climatique, à l'érosion des espèces, et à la pollution, nous avons tous notre carte à jouer. Sur tout le territoire, des centaines d'associations régionales, nationales ou internationales, n'attendent que vous. Bien sûr, dans le domaine, il y a des mastodontes comme la **WWF** ou **Greenpeace**, ou même notre très nationale **Fondation Nicolas Hulot**, auprès desquelles vous pouvez vous engager. Mais il existe également un tas d'autres associations à taille humaine dont vous n'avez pas forcément entendu parler.

Renseignez-vous d'abord au sujet des associations locales, qui agissent et organisent des actions au sein même de votre territoire. Pour n'en citer que quelques-unes, cela peut être **VivArmor Nature** pour les Côtes-d'Armor, la **Société Alpine de Protection de la Nature** pour les Hautes-Alpes, **Nature en Occitanie** pour la région du même nom... Toutes ces associations ont un vrai impact sur les décisions politiques locales. En devenant adhérent, vous pourrez participer à leurs sorties naturalistes, suivi des espèces, ateliers, conférences, débats, actions politiques, et bien plus encore.

Il existe également de nombreuses associations qui agissent à échelle nationale. Notons par exemple **Générations Futures**, qui se bat pour une agriculture durable à coup d'enquêtes coup de poing, Zéro Waste France, qui mène de nombreuses actions pour la réduction des déchets, **The Sea Cleaners**, qui lutte contre la pollution plastique marine... Si vous êtes un peu perdu entre toutes ces propositions, pensez également à jeter un œil à **France Nature Environnement**, qui fédère les différentes associations de protection de la nature présentes sur le territoire !